공부의 힘

4~6 학년용

1

지은이 김누리

현직 초등학교 교사로 EBS 초등 프로그램, 서울시교육청 영재교육원, 교원직무연수 강사입니다.
서울시 교육청 CS 강사, 서울특별시 과학전시관 〈서울과학교육〉 편집위원, 국립과천과학관 정책 연구진,
세종문화회관 유아 도슨트로 활동하였고, 초등 검정 교과서 집필진 및 초등 국정 교과서 전문가 검토위원을 지냈습니다.
EBS 〈육아학교〉, 〈배움 너머〉, 〈다큐 프라임〉, KBS 〈스펀지〉, 〈생생정보〉, YTN 〈과학카툰 기발한 실험실〉, 〈수다학〉 등에
전문가 패널로 출연하였고, 《학교 선생님이 들려주는 한국사 이야기》, 《내 아이는 초등학교 1~4학년》 시리즈,
《초등사회 개념 짱》, 《엄마, 아빠의 진짜 속마음》 등의 저서 및 다수의 학습 지도서 집필 등 국내 초등 교육을 위해
다양한 분야에서 폭넓은 활동을 하고 있습니다.

자기주도적 학습 습관을 길러 주는
공부 능력 향상 프로그램

초판 1쇄 인쇄 2022년 12월 26일
초판 1쇄 발행 2023년 1월 8일

지은이 김누리
펴낸이 김선식

경영총괄 김은영
책임편집 김재민
다산스마트에듀팀장 김재민 **다산스마트에듀팀** 조아리, 박은우, 차다운
저작권팀 한승원, 김재원, 이슬
마케팅본부장 권장규
미디어홍보본부장 정명찬 **홍보팀** 안지혜, 오수미, 송현석
뉴미디어팀 김민정, 홍수경, 서가을 **디자인파트** 김은지, 이소영
재무관리팀 하미선, 윤이경, 김재경, 안혜선, 이보람
인사총무팀 강미숙, 김혜진, 박예찬, 황종원
제작관리팀 박상민, 최완규, 이지우, 김소영, 김진경, 양지환
물류관리팀 김형기, 김선진, 한유현, 민주홍, 전태환, 전태연, 양문현
외부 스태프 윤문·교정·교열 ㈜포링고 **디자인** ㈜포링고

펴낸곳 다산북스 **출판등록** 2005년 12월 23일 제313-2005-00277호
주소 경기도 파주시 회동길 490
전화 02-704-1724 **팩스** 02-703-2219 **이메일** dasanbooks@dasanbooks.com
홈페이지 www.dasanbooks.com **블로그** blog.naver.com/dasan_books
다산스마트에듀 www.dasansmartedu.com
종이 IPP **인쇄·제본** 갑우문화사 **코팅·후가공** 제이오엘앤피

ISBN 979-11-306-9624-9 (64370)

+ 이 책의 인물 명칭은 한국 인물은 성과 이름을 모두 포함하였고, 외국 인물은 다산콘텐츠그룹 학습 만화 《Who?》를 따랐습니다.

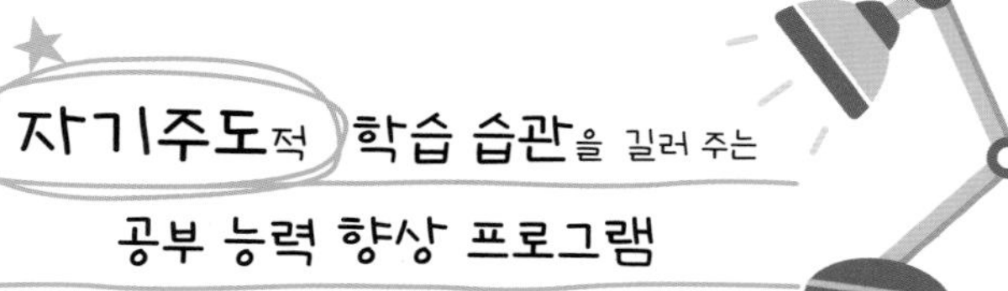

공부의 힘

김누리 지음

다산스마트에듀

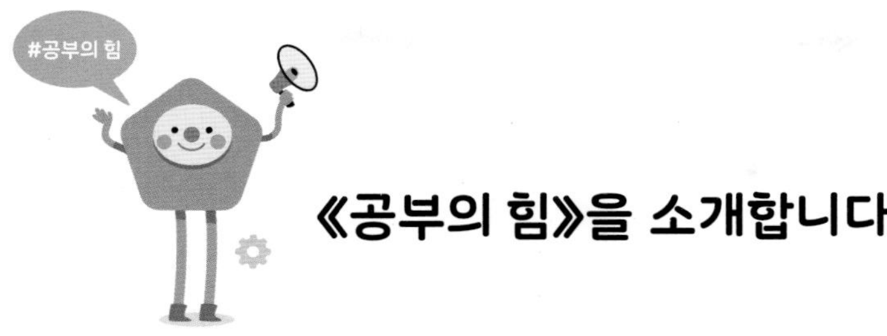

《공부의 힘》을 소개합니다

우리 교육이 변하고 있습니다. 이제 학교와 사회에서 인재들에게 바라는 능력은 단순히 외워서 많이 아는 것이 아닙니다. 수많은 자료 속에서 필요한 지식을 선별하여 자신만의 가치 있는 정보를 만들고, 그것을 통해 다른 사람과 의사소통할 수 있는 능력을 원합니다. 끊임없이 변화하고 발전하는 미래 사회에 적응하며, 더 나은 세상을 창조하는 능력을 필요로 하는 것이지요.

그러기 위해서 사회가 바라는 미래 인재상은 다음과 같습니다.

- **동기**를 발견하고 유지하는 사람
- **인지**력이 우수한 사람
- 자기 일에 **몰입**할 줄 아는 사람
- 자신의 가치를 아는 **자아존중감**이 높은 사람
- **창의성**이 뛰어난 사람
- **감성**이 발달한 사람
- **사회성**이 높은 사람

그렇다면 '동기, 인지, 몰입, 자아존중감, 창의성, 감성, 사회성'은 어떻게 키울 수 있을까요? 스스로 키우는 방법을 탐구하고, 실천 의지를 다질 수 있다면 가장 좋지만, 말처럼 쉽지 않습니다. 가장 쉽고 효과적인 방법은 모범이 되는 인물, 즉 위인의 말과 행동, 사례를 살펴보며 구체적인 방법을 찾는 것입니다. 《공부의 힘》에서는 세상을 바꾼 훌륭한 위인들의 에피소드를 살펴보며, '나'의 경험과 생각을 되돌아보고 다짐하는 활동을 할 수 있습니다.

이 책에서는 동서양을 불문하고, 미래 사회에서 요구하는 핵심역량을 갖춘 위인 40명의 경험담을 소개합니다. 그리고 이 위인들의 사례와 비교하여 여러분 스스로의 경험과 생각을 정리해 보며, '스스로 공부하는 힘'을 향상시킬 수 있도록 구성했습니다.

《공부의 힘》으로 미래 인재의 필수 요소인 동기, 인지, 몰입, 자아존중감, 창의성, 감성, 사회성을 높여 보세요!

★ 본 교재는 다산콘텐츠그룹의 《Who?》 시리즈 총 40권과 《E-CLIP(송인섭 저)》 시리즈 총 12권의 내용을 바탕으로 구성하였습니다.

이 책의 구성과 특징

1 만화로 위인을 만나요!

단원 도입

매 단원을 시작할 때마다 만화를 통해 주제와 관련된 인물들의 에피소드를 보고, 공부할 내용에 흥미를 갖게 합니다.

1강

하늘을 나는 꿈을 이룬 발명가

라이트 형제

동기 ①

전문적인 교육을 받지 못했지만 꿈을 포기하지 않았던 라이트 형제는 수없이 많은 시행착오 끝에 마침내 최초의 동력 비행기를 만드는 데 성공했습니다. 다음은 라이트 형제가 하늘을 나는 꿈을 품게 만든 어린 시절 이야기입니다.

2 위인의 삶을 탐험해요!

인물 이해

위인의 삶을 요약한 글을 읽으며, 공부할 주제와 관련된 인물에 대한 이해도를 높입니다.

라이트 형제에 관한 다음 글을 읽고 물음에 답하세요.

라이트 형제가 만든 동력 비행기 '플라이어호'가 1903년 12월 17일 세계 최초로 사람을 태우고 하늘을 나는 데 성공했습니다. 당시까지만 해도 동력 비행기를 이용한 비행은 유명한 과학자들은 물론 미국 육군과 같은 쟁쟁한 기관에서도 두 손을 든 일이었습니다. 그저 시골에 사는 평범한 자전거 기술자에 불과했고, 비행기를 연구한 다른 과학자들과는 달리 국가의 도움도 받지 못했던 라이트 형제가 직접 비행기를 설계하고 만들어 하늘을 날 수 있었던 이유는 과연 무엇일까요?

라이트 형제는 어릴 때부터 호기심이 많았습니다. 뭔가 색다른 현상을 보면 왜 그렇게 되는지 꼭 알아내야 직성이 풀리곤 했어요. 호기심이 도전 정신으로 발전하여 하늘을 나는 장난감 '박쥐'와 방향 조절이 가능한 썰매를 손수 만들기도 했어요. 이들에게 호기심이 없었다면 하늘을 나는 새

확인 학습

각 인물에 관한 내용을 확인하는 문제를 풀면서 위인의 삶과 핵심 개념을 파악합니다.

1 라이트 형제가 1903년에 달성한 일은 무엇인가요?

① 하늘을 나는 연을 만들었다.
② 연구비를 마련하기 위해 자전거 가게를 시작했다.
③ 비행기를 만들어 사람을 태우고 하늘을 나는 데 성공했다.
④ 미국 육군과 합작하여 세계 최초 비행기를 만들었다.
⑤ 인류 최초의 풍력 비행기를 만들어 하늘을 날게 했다.

2 라이트 형제에 대한 설명으로 옳은 것은 무엇인가요?

① 어릴 때부터 집안이 유복했다.
② 가족은 아니었지만 서로 의형제를 맺었다.
③ 비행기를 조종하는 비행사였다.
④ 하늘을 나는 자전거를 개발했다.
⑤ 비행기 연구에 많은 사람의 응원과 관심을 받지 못했다.

3 라이트 형제가 목표를 달성할 수 있었던 이유로 알맞지 않은 것은 무엇인가요?

① 새로운 것을 그냥 지나치지 않는 호기심
② 궁금한 것을 직접 연구하는 도전 정신
③ 주변의 시선에 신경 쓰지 않고 묵묵히 자신의 길을 걸어가는 끈기

3 위인을 통해 '나'를 되돌아봐요!

핵심 주제와 개념을 심층적으로 이해하는 단계입니다.
개념 설명과 인물 맞춤형 사례를 읽고 '나'의 경험과 상황에 적용해 봅니다.

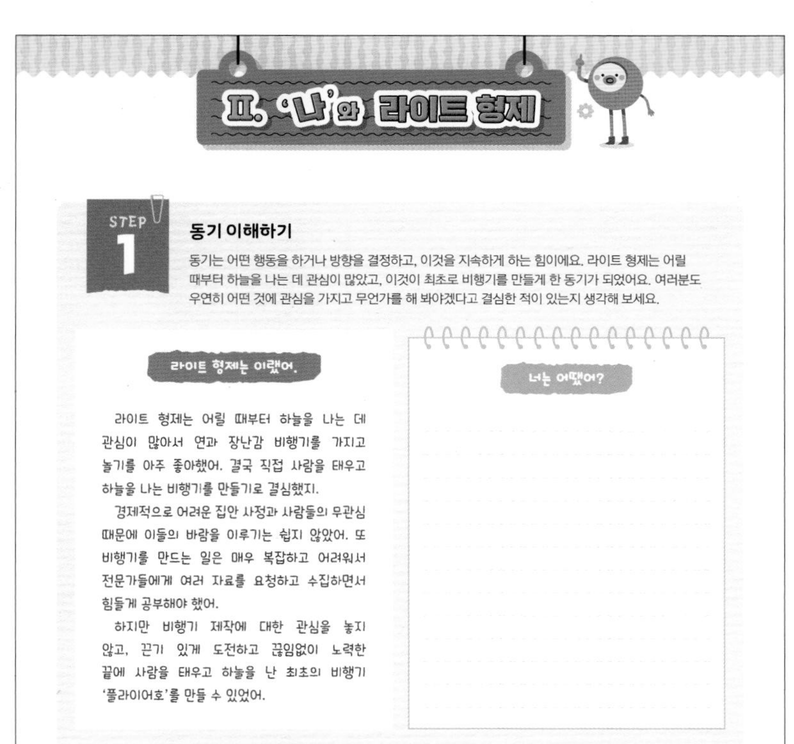

Ⅱ. '나'와 라이트 형제

STEP 1 동기 이해하기

동기는 어떤 행동을 하거나 방향을 결정하고, 이것을 지속하게 하는 힘이에요. 라이트 형제는 어릴 때부터 하늘을 나는 데 관심이 많았고, 이것이 최초로 비행기를 만들게 한 동기가 되었어요. 여러분도 우연히 어떤 것에 관심을 가지고 무언가를 해 봐야겠다고 결심한 적이 있는지 생각해 보세요.

라이트 형제는 이랬어.

라이트 형제는 어릴 때부터 하늘을 나는 데 관심이 많아서 연과 장난감 비행기를 가지고 놀기를 아주 좋아했어. 결국 직접 사람을 태우고 하늘을 나는 비행기를 만들기로 결심했지.

경제적으로 어려운 집안 사정과 사람들의 무관심 때문에 이들의 바람을 이루기는 쉽지 않았어. 또 비행기를 만드는 일은 매우 복잡하고 어려워서 전문가들에게 여러 자료를 요청하고 수집하면서 힘들게 공부해야 했어.

하지만 비행기 제작에 대한 관심을 놓지 않고, 끈기 있게 도전하고 끊임없이 노력한 끝에 사람을 태우고 하늘을 난 최초의 비행기 '플라이어호'를 만들 수 있었어.

너는 어땠어?

생각 쑥쑥

속담, 퀴즈, 다른 그림 찾기, 집중력 게임 등을 통해 사고력 훈련을 할 수 있습니다.

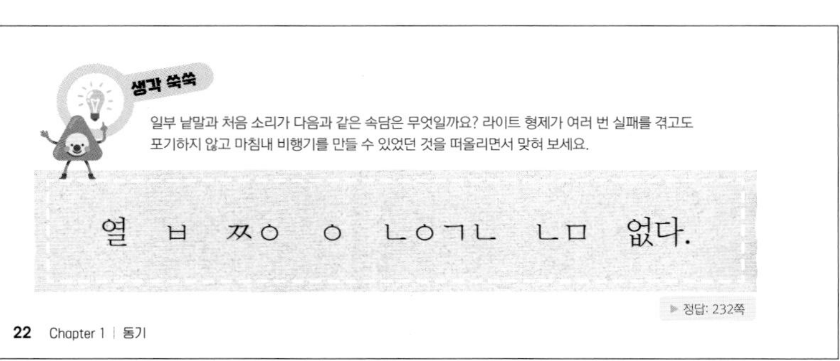

생각 쑥쑥

일부 낱말과 처음 소리가 다음과 같은 속담은 무엇일까요? 라이트 형제가 여러 번 실패를 겪고도 포기하지 않고 마침내 비행기를 만들 수 있었던 것을 떠올리면서 맞혀 보세요.

열 ㅂ 찌ㅇ ㅇ ㄴㅇㄱㄴ ㄴㅁ 없다.

▶ 정답: 232쪽

22 Chapter 1 | 동기

STEP 2·3
'나'의 역량 기르기

앞서 학습한 내용을 바탕으로 스스로를 점검하고, '나'의 역량을 발견하고 기를 수 있는 방법을 생각해 봅니다.

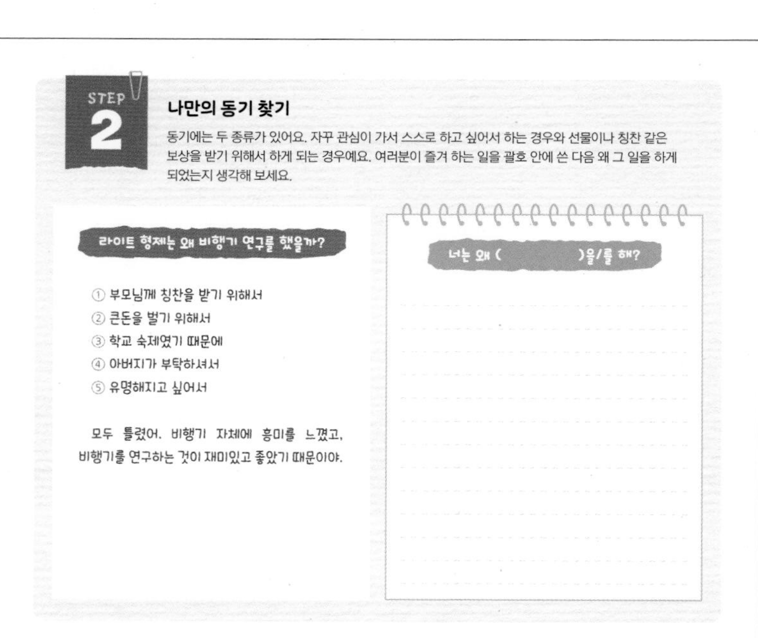

STEP 2

나만의 동기 찾기

동기에는 두 종류가 있어요. 자꾸 관심이 가서 스스로 하고 싶어서 하는 경우와 선물이나 칭찬 같은 보상을 받기 위해서 하게 되는 경우예요. 여러분이 즐겨 하는 일을 괄호 안에 쓴 다음 왜 그 일을 하게 되었는지 생각해 보세요.

라이트 형제는 왜 비행기 연구를 했을까?

① 부모님께 칭찬을 받기 위해서
② 큰돈을 벌기 위해서
③ 학교 숙제였기 때문에
④ 아버지가 부탁하셔서
⑤ 유명해지고 싶어서

모두 틀렸어. 비행기 자체에 흥미를 느꼈고, 비행기를 연구하는 것이 재미있고 좋았기 때문이야.

너는 왜 (   )을/를 해?

4 이것만은 꼭 기억해요!

단원 마무리

학습한 인물 및 주제와 관련된 역량을 기르기 위해 필요한 자질을 다시 한번 짚으면서 단원을 마무리합니다.

어떤 일에 흥미를 느껴서 관심을 쏟고 그 일을 계속해서 하고 싶은 마음이 들게 하는 것, 즉 동기를 찾는 것이 중요해. 단, 동기는 아무 노력 없이 하는 행동과는 관계가 없어. 잠을 잔다든지, 숨을 쉰다든지, 멍하니 영상 콘텐츠를 보거나 과자를 먹는 것은 동기가 필요 없는 행동들이지. 자꾸 궁금하고 생각나고 관심이 가는 것이 있는지 생각해 봐. 네 마음속에 있는 동기를 찾아 봐. 그리고 그 동기를 지속시키기 위해 지금 바로 작은 일부터 실천하는 거야!

《공부의 힘》 자기주도적 활용 방법

시간을 정해서 규칙적으로 학습하기

《공부의 힘》을 학습하는 시간을 스스로 정하세요. 《공부의 힘》을 더욱 즐겁고 유익하게 활용할 수 있습니다.

'EBS 선생님'과 함께 인터넷 강의로 공부하기

위인들의 삶을 담은 애니메이션과 친절한 EBS 선생님의 설명이 담긴 강의를 보며 혼자서도 쉽게 공부할 수 있습니다.

《Who?》 위인 40명의 학습 만화 읽기

《공부의 힘》에 등장하는 《Who?》 위인 40명의 학습 만화를 읽어 보세요. 위인의 삶에 좀 더 가까이 다가갈 수 있습니다.

차례

4~6 학년용

4~6
학년용

2

★《공부의 힘》 4~6학년용 2권은 별매입니다.

CHAPTER
1
동 기

1강. 라이트 형제

2강. 에이브러햄 링컨

3강. 광개토 대왕

4강. 버지니아 울프

5강. 루트비히 판 베토벤

6강. 알렉산더 플레밍

7강. 장보고

하늘을 나는 꿈을 이룬 발명가

라이트 형제

전문적인 교육을 받지 못했지만 꿈을 포기하지 않았던 라이트 형제는 수없이 많은 시행착오 끝에 마침내 최초의 동력 비행기를 만드는 데 성공했습니다. 다음은 라이트 형제가 하늘을 나는 꿈을 품게 만든 어린 시절 이야기입니다.

우드득
어? 안 돼!

어떡해,
망가졌나 봐.
안 움직여.
어쩌지?

엄마, 박쥐가
죽었어요.

아빠한테 다시
사 달라고 하면
안 돼요?
벌써 고장이 났어?
하긴 매일 가지고
놀았으니.

그럼 너희가
새로 만들어 봐.
너희는 뭐든
잘 만들잖니.

어머니의 응원에 용기를 얻은 형제는 장난감 박쥐를 다시 만들기로 결심했습니다. 먼저 고장 난 박쥐를 전부 다 뜯어 필요한 부속품을 하나하나 만들었습니다.
형, 날개를 좀 더 크게 만들까?
좋아! 그럼 더 높이 날 수 있을 거야.

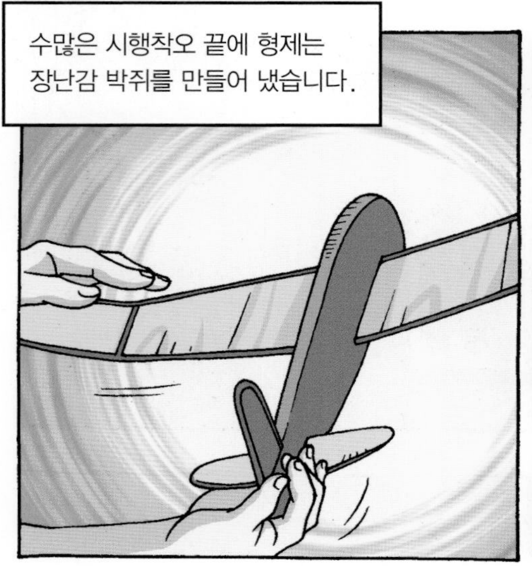
수많은 시행착오 끝에 형제는 장난감 박쥐를 만들어 냈습니다.

야호! 드디어 완성이다.

그런데 이게 하늘을 날 수 있을까?
어서 날려 보자!

와! 우리가 만든
박쥐가 하늘을 날았어!

파닥
파닥

녀석들 제법인데?

어떻게
저걸 만들었지?

호호,
저 녀석들이
손재주로는
우리 동네
으뜸이잖니.

이후 형제는 장난감을 더 크고 날렵하게 만들어
'박쥐 2호, 3호'라고 이름을 붙였습니다.

에잇, 3호까지는 잘 날았는데.

아쉽지만 어쩔 수 없지.

저 연처럼 하늘을 날면 기분이 어떨까?
글쎄.

우리가 개미처럼 작다면 연을 타고 하늘을 날 수 있을 텐데!

파닥

파닥

그날 이후, 라이트 형제는
언젠가 큰 박쥐를 타고 전 세계
하늘을 날아다니게 될 날을
꿈꾸게 되었습니다.

I. 조목조목 인물 탐험

라이트 형제에 관한 다음 글을 읽고 물음에 답하세요.

라이트 형제가 만든 동력 비행기 '플라이어호'가 1903년 12월 17일 세계 최초로 사람을 태우고 하늘을 나는 데 성공했습니다. 당시까지만 해도 동력 비행기를 이용한 비행은 유명한 과학자들은 물론 미국 육군과 같은 쟁쟁한 기관에서도 두 손을 든 일이었습니다. 그저 시골에 사는 평범한 자전거 기술자에 불과했고, 비행기를 연구한 다른 과학자들과는 달리 국가의 도움도 받지 못했던 라이트 형제가 직접 비행기를 설계하고 만들어 하늘을 날 수 있었던 이유는 과연 무엇일까요?

라이트 형제는 어릴 때부터 호기심이 많았습니다. 뭔가 색다른 현상을 보면 왜 그렇게 되는지 꼭 알아내야 직성이 풀리곤 했어요. 호기심이 도전 정신으로 발전하여 하늘을 나는 장난감 '박쥐'와 방향 조절이 가능한 썰매를 손수 만들기도 했어요. 이들에게 호기심이 없었다면 하늘을 나는 새의 날갯짓과 비틀린 자전거 튜브 상자를 보고 자유자재로 움직이는 비행기의 날개를 생각해 내지도 못했을 거예요.

처음에 형제는 중고 자전거를 수리하는 일을 했습니다. 자전거 가게를 운영하며 겨우겨우 비행기 연구에 필요한 돈을 마련했지요. 이들의 연구는 가족과 비행기에 관심이 많았던 우체국장 테이트를 제외하고는 그 누구의 응원도 받지 못했습니다.

하지만 두 형제는 묵묵히 그들의 길을 걸어갔습니다. 비행기와 관련된 온갖 서적과 논문을 빠짐없이 읽으며 공부했습니다. 앞서 비행기를 연구한 과학자들을 비롯한 다른 이들의 성과나 지식을 그냥 지나치지 않고 자기 것으로 만들고자 했습니다. 동시에 점차 사업을 키워나가 나중에는 직접 자전거를 제작할 정도로 발전시켰습니다. 그리고 자전거 사업으로 쌓은 기술을 이용해 결국 동력 비행기를 만드는 성과를 거두었습니다.

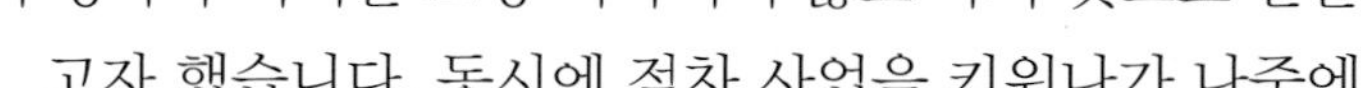

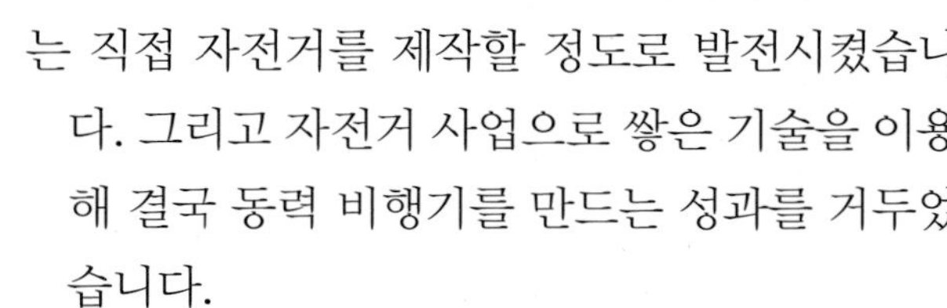

라이트 형제는 뛰어난 창의력과 빼어난 손재주를 가졌음에도 스스로 항상 실력이 부족하다고 생각하며 배움을 멈추지 않았습니

다. 또한, 비행하는 데 가장 알맞은 날개 모양은 어떤 것인지, 또 조종사가 비행기를 마음대로 움직이려면 어떤 부품이 필요한지 등을 수많은 실험과 비행 실습으로 알아냈습니다. 이러한 마음가짐이 동력 비행 성공의 밑거름이 되었고, 그 결과 '플라이어호'라는 빛나는 결과물이 탄생한 것입니다.

라이트 형제 실험 비행에 쓰였던 글라이더와 동일하게 재현해 만든 모형

1 **라이트 형제가 1903년에 달성한 일은 무엇인가요?**

① 하늘을 나는 연을 만들었다.
② 연구비를 마련하기 위해 자전거 가게를 시작했다.
③ 비행기를 만들어 사람을 태우고 하늘을 나는 데 성공했다.
④ 미국 육군과 합작하여 세계 최초 비행기를 만들었다.
⑤ 인류 최초의 풍력 비행기를 만들어 하늘을 날게 했다.

2 **라이트 형제에 대한 설명으로 옳은 것은 무엇인가요?**

① 어릴 때부터 집안이 유복했다.
② 가족은 아니었지만 서로 의형제를 맺었다.
③ 비행기를 조종하는 비행사였다.
④ 하늘을 나는 자전거를 개발했다.
⑤ 비행기 연구에 많은 사람의 응원과 관심을 받지 못했다.

3 **라이트 형제가 목표를 달성할 수 있었던 이유로 알맞지 않은 것은 무엇인가요?**

① 새로운 것을 그냥 지나치지 않는 호기심
② 궁금한 것을 직접 연구하는 도전 정신
③ 주변의 시선에 신경 쓰지 않고 묵묵히 자신의 길을 걸어가는 끈기
④ 잦은 실패에도 계속하여 도전하는 의지
⑤ 경제적인 어려움과 주변의 무관심에 대한 분노

▶ 정답: 232쪽

Ⅱ. '나'와 라이트 형제

STEP 1

동기 이해하기

동기는 어떤 행동을 하거나 방향을 결정하고, 이것을 지속하게 하는 힘이에요. 라이트 형제는 어릴 때부터 하늘을 나는 데 관심이 많았고, 이것이 최초로 비행기를 만들게 한 동기가 되었어요. 여러분도 우연히 어떤 것에 관심을 가지고 무언가를 해 봐야겠다고 결심한 적이 있는지 생각해 보세요.

라이트 형제는 이랬어.

라이트 형제는 어릴 때부터 하늘을 나는 데 관심이 많아서 연과 장난감 비행기를 가지고 놀기를 아주 좋아했어. 결국 직접 사람을 태우고 하늘을 나는 비행기를 만들기로 결심했지.

경제적으로 어려운 집안 사정과 사람들의 무관심 때문에 이들의 바람을 이루기는 쉽지 않았어. 또 비행기를 만드는 일은 매우 복잡하고 어려워서 전문가들에게 여러 자료를 요청하고 수집하면서 힘들게 공부해야 했어.

하지만 비행기 제작에 대한 관심을 놓지 않고, 끈기 있게 도전하고 끊임없이 노력한 끝에 사람을 태우고 하늘을 난 최초의 비행기 '플라이어호'를 만들 수 있었어.

너는 어땠어?

생각 쑥쑥

일부 낱말과 처음 소리가 다음과 같은 속담은 무엇일까요? 라이트 형제가 여러 번 실패를 겪고도 포기하지 않고 마침내 비행기를 만들 수 있었던 것을 떠올리면서 맞혀 보세요.

열 ㅂ ㅉㅇ ㅇ ㄴㅇㄱㄴ ㄴㅁ 없다.

▶ 정답: 232쪽

STEP 2

나만의 동기 찾기

동기에는 두 종류가 있어요. 자꾸 관심이 가서 스스로 하고 싶어서 하는 경우와 선물이나 칭찬 같은 보상을 받기 위해서 하게 되는 경우예요. 여러분이 즐겨 하는 일을 괄호 안에 쓴 다음 왜 그 일을 하게 되었는지 생각해 보세요.

라이트 형제는 왜 비행기 연구를 했을까?

① 부모님께 칭찬을 받기 위해서
② 큰돈을 벌기 위해서
③ 학교 숙제였기 때문에
④ 아버지가 부탁하셔서
⑤ 유명해지고 싶어서

모두 틀렸어. 비행기 자체에 흥미를 느꼈고, 비행기를 연구하는 것이 재미있고 좋았기 때문이야.

너는 왜 (   )을/를 해?

이것만은 꼭!

어떤 일에 흥미를 느껴서 관심을 쏟고 그 일을 계속해서 하고 싶은 마음이 들게 하는 것, 즉 동기를 찾는 것이 중요해. 단, 동기는 아무 노력 없이 하는 행동과는 관계가 없어. 잠을 잔다든지, 숨을 쉰다든지, 멍하니 영상 콘텐츠를 보거나 과자를 먹는 것은 동기가 필요 없는 행동들이지. 자꾸 궁금하고 생각나고 관심이 가는 것이 있는지 생각해 봐. 네 마음속에 있는 동기를 찾아 봐. 그리고 그 동기를 지속시키기 위해 지금 바로 작은 일부터 실천하는 거야!

미국 역사상 가장 존경받는 대통령

에이브러햄 링컨

에이브러햄 링컨은 노예로 살며 고통받는 흑인들의 삶을 안타까워했고, 결국 이를 해결하고자 대통령의 자리에 도전합니다. 다음은 학교도 제대로 다니지 못할 정도로 가난했지만, 지독한 책벌레였던 링컨의 어린 시절 이야기입니다.

링컨은 겨우 아버지의 허락을 받아 학교에 다닐 수 있게 되었습니다. 학교는 링컨의 집에서 3킬로미터나 떨어져 있어서 어린 링컨에게는 먼 거리였지만 글을 배울 수 있다는 생각에 하나도 힘들지 않았습니다.

링컨은 한번 배운 것은 잊어버리지 않는 아이였습니다. 또 호기심이 강해 궁금한 것은 꼭 알아내야만 직성이 풀렸습니다.

밥이나 먹지, 뭘 그렇게 보는 게야?
놔두세요. 글을 깨우쳐서 읽고 싶은 책이 많을 거예요.
쓸데없는 짓을 하고 있군.
그렇지 않아요. 아버지, 책에는 진리가 들어 있어요.
시끄럽다. 내일은 학교 갈 생각 말고 밭일이나 도와.
네, 알겠어요.
링컨은 손에서 책을 놓지 않았습니다. 집안일을 도우면서도 틈만 나면 책을 읽고 공부했습니다. 책을 읽으며 기억에 남는 이야기나 구절은 반드시 공책에 적었습니다.

에이브! 이리 와서
좀 먹고 해.
난 괜찮아, 누나.
어? 공책을
어디 뒀더라?
뒤적
뒤적
어쩔 수 없지.
여기다 써야겠다.
지금 적어두지 않으면
금방 까먹을지도 몰라.
에이브! 해 지기 전에
끝내려면 서둘러야 해.
네, 금방
갈게요.

휴, 이제 그만 들어가자.

에이브, 식구도 늘고 밭일만으로는 먹고 살기가 힘들 것 같구나. 미안하지만 학교를 그만두고 집안일을 도울 수 있겠니?

늘 미안하구나.

아니에요, 아버지.
진작 일을
도왔어야
했는데…….

링컨은 공부를 더 하고
싶었지만 내색하지 않았습니다.
그는 자신보다 아버지의 마음을
먼저 헤아리는 착한
아들이었습니다.
공부는 학교에서만
하는 게 아니니까…….

링컨은 농사일을 돕느라 학교에 가지 못한
날이 더 많았습니다. 링컨이 학교를 다닌
기간은 모두 합쳐도 일 년이 채 되지
않았습니다.
그 기간이 그가 대통령이 될 때까지 받은
정규 교육의 전부였습니다.

학교를 그만둔 링컨은 혼자서 공부를
시작했습니다. 책은 그에게
가장 좋은 선생님이었습니다.
밭일을 나가도 쉬는 시간마다
책을 읽었습니다.

읽고 싶은 책은 많았지만 책을 살 돈이
없었던 링컨은 주로 마을 사람들에게
책을 빌려 읽었습니다.

나중에는 마을의 책을 전부 읽고
멀리 떨어진 마을까지 가서
책을 빌려 오기도 했습니다.

에이브러햄 링컨에 관한 다음 글을 읽고 물음에 답하세요.

가난한 농부의 아들로 태어난 에이브러햄 링컨은 어린 시절 집안일을 돕느라 겨우 글을 익힐 수 있었습니다. 하지만 타고난 성실함과 정직함으로 주위 사람들에게 인정을 받았고, 열심히 공부해서 능력 있는 변호사이자 정치인이 되었지요. 그는 노예로 살며 고통받는 흑인들의 삶을 늘 안타까워했고, 결국 이를 해결하고자 의원 선거에 출마하고, 나아가 대통령의 자리에 도전합니다.

링컨은 여러 가지 어려움과 난관 속에서도 노예 제도를 없애기 위해 노력했고 그런 링컨의 말에 많은 사람들이 귀 기울였지만, 연방 상원 의원 선거에서 패하고 맙니다. 하지만 실망하지 않고 다시 선거에 출마하여 모든 사람은 똑같은 권리를 가지고 있다고 호소하며 노예 제도 폐지에 앞장섭니다. 링컨은 여러 차례 선거에서 패배하지만 결코 포기하지 않았고 마침내 제16대 대통령으로 당선됩니다.

노예제 폐지를 주장한 링컨이 대통령으로 당선되자 노예제를 찬성하는 남부 주들의 대표들은 미국 연방에서 탈퇴하여 독립을 선언했습니다. 그러고는 '아메리카 남부 연합'을 세운 뒤 자체 대통령을 따로 뽑아 링컨이 있는 북부와 전쟁을 선포했습니다. 전쟁은 1년 넘게 이어졌고, 북부군은 남부군에게 거듭 패배했어요.

북부군의 군인이 만 명 넘게 사망하고 링컨의 셋째 아들까지 사망하기에 이르렀지만 링컨은 이에 굴하지 않고 노예 해방 선언문을 작성하여 선포합니다. 선언문이 발표되자 노예 제도 폐지를 원했던 사람들과 억압에서 풀려난 흑인들이 환호했습니다. 하지만 남부군의 저항은 더욱 거세졌고, 지속적인 전투 속에 사상자가 엄청나게 늘어났습니다.

그러자 링컨은 남북전쟁에서 가장 치열한 전투가 벌어진 게티즈버그로 가서 연설했습니다. "명예롭게 죽어 간 그들이 목숨을 바쳐 지키고자 한 것을 지켜, 이 나라는 새로운 자유의 탄생을 보게 될 것이며, 국민의, 국민

에 의한, 국민을 위한 정부는 이 지구상에서 결코 사라지지 않을 것입니다."

2분 남짓한 짧은 내용이었지만 사람들에게 큰 감명을 주었을 뿐만 아니라 민주주의와 그 가치를 되새기게 하는 명연설이었습니다. 링컨은 이어 제17대 대통령으로 재당선되었고, 4년간의 남북전쟁이 끝나고 흑인 노예들이 모두 해방되었습니다.

어려운 상황에서도 미래에 대한 희망을 잃지 않았던 그는 미국 역사상 가장 위대한 대통령으로 존경받고 있습니다.

미국 화폐 속의 링컨. 링컨은 미국인이 가장 존경하는 대통령 중 한 명입니다.

1 **에이브러햄 링컨의 직업은 무엇인가요?**

① 농부
② 군인
③ 작가
④ 정치가
⑤ 사회사업가

2 **에이브러햄 링컨에 대한 설명으로 옳은 것은 무엇인가요?**

① 유복한 집안에서 태어났다.
② 대학교까지 교육을 받았다.
③ 아메리카 남부 연합을 세웠다.
④ 미국 남부의 대통령이 되었다.
⑤ 미국의 노예제 폐지에 앞장섰다.

3 **에이브러햄 링컨이 목표를 달성할 수 있었던 이유로 가장 알맞은 것은 무엇인가요?**

① 꾸준한 체력 관리
② 궁금한 것을 탐구하는 실험 정신
③ 끊임없이 새로운 것을 개발하려는 창의성
④ 실패해도 다시 도전하는 열정과 의지
⑤ 머릿속에 떠오른 것을 꼼꼼히 메모하여 정리하는 습관

▶ 정답: 232쪽

Ⅱ. '나'와 에이브러햄 링컨

STEP 1

동기 이해하기

동기는 목표를 이루는 데 큰 도움이 됩니다. '무언가를 하고 싶다'는 강력한 동기를 가지면 최선을 다해 노력하고 실행하게 되기 때문이지요. 주변 상황 때문에 어렵고 힘들었지만, 자신이 이루고 싶은 것을 위해 최선을 다해서 노력한 적이 있는지 생각해 보세요.

에이브러햄 링컨은 이랬어.

링컨은 공부하기를 좋아하고 학문에 대한 관심도 많았어. 하지만 집안 형편이 어려워서 학교에 다니기도 힘들었고 책을 살 돈도 없었지.

어쩔 수 없이 학교를 그만둔 뒤에는 농사일을 하면서 틈틈이 혼자서 공부를 했어. 주로 마을 사람들에게 책을 빌려 읽었는데, 마을에 있는 책을 전부 다 읽은 다음에는 멀리 떨어진 마을까지 가서 책을 빌려와서 읽었지.

결국 대통령이 될 때까지 학교를 정식으로 다닌 기간이 채 1년이 안 되었지만, 링컨은 변호사 시험에 합격하고 미국의 대통령이 되었어.

너는 어땠어?

생각 쑥쑥

다음은 에이브러햄 링컨의 연설 중에 나오는 내용으로, 민주주의의 가치를 강조한 유명한 문장이에요. 빈칸에 들어갈 알맞은 말을 쓰세요.

(   )의, (   )에 의한, (   )을 위한 정부는 이 지구상에서 결코 사라지지 않을 것입니다.

▶ 정답: 232쪽

STEP 2

동기 유지하기

어떤 일을 하게 만드는 구체적인 동기가 있더라도 그 마음이 금방 식어 버린다면 목표한 것을 이룰 수 없겠죠? 흥미를 잃지 않고 원하는 일을 이룰 수 있도록 동기를 유지하는 힘을 길러야 합니다. 여러분은 동기를 유지하기 위해 어떻게 하나요?

CHAPTER 1 동기

에이브러햄 링컨은 어떻게 동기를 유지했을까?

에이브러햄 링컨을 이런 명언을 남겼어.

"내가 걷는 길은 험하고 미끄러웠다. 그래서 나는 자꾸만 미끄러지곤 했다. 그러나 나는 곧 기운을 차리고 나 자신에게 말했다. 괜찮아! 길이 약간 미끄럽기는 해도 낭떠러지는 아니야!"

링컨은 자신이 처한 위기와 힘겨움을 무작정 탓하기보다는 긍정적인 마음으로 자신을 위로하고 응원하며 이루고자 하는 목표를 향해 달려갔다는 것을 알 수 있지.

네가 어떤 일을 할 때 포기하지 않게 만드는 것은 무엇이야?

괜찮아! 나는 할 수 있어.

포기하지 않아.

나에게는 (   )이/가 있잖아.

이것만은 꼭!

에이브러햄 링컨을 떠올려 봐. 링컨이 가난과 역경을 이겨내고 목표를 향해 나아갈 수 있었던 성공 비결은 '독서'와 '긍정적인 마음가짐'이었어. 그는 평생 정규 교육을 받지 못했지만, 책을 통해서 새로운 정보는 물론 인생을 헤쳐 나가게 해 줄 풍부한 지식을 얻었어. 한편, 링컨은 낙선 소식을 들을 때마다 고급 음식점에 가서 맛있는 음식을 먹고, 이발소에서 머리를 다듬었대. 그러고는 자기 자신에게 "이제 나는 다시 시작한다. 힘을 내자. 링컨!"이라고 말했대. 너도 힘이 들면 링컨처럼 너 자신에게 응원의 말을 건네 봐. "이제 나는 다시 시작한다. 힘을 내자!"

고구려의 부흥을 꿈꾼 정복왕

광개토 대왕

고구려의 제19대 왕인 광개토 대왕은 활발한 정복 활동을 벌이며 우리 역사상 가장 강대한 나라를 이끈 영웅이자, 백성을 사랑했던 자애로운 왕이었습니다. 다음은 광개토 대왕이 왕위에 오르기 전 생애 첫 전투를 끝냈을 때의 이야기입니다.

챙
챙
챙

담덕(광개토 대왕의 어린 시절 이름)은 생애 첫 전투를 성공적으로 끝냈습니다.

네 활약 덕분에 승기를
잡았다. 첫 출전에서
큰 공을 세웠구나.
척
아닙니다,
모두 아버지의
은덕이옵니다.

태자님의 지략 덕분에
승리할 수 있었습니다.
빙긋

아버지께
청이 있습니다.
꾸벅

제가 공을
세울 수 있었던 것은
병사들이 작전을
잘 따라 줬기 때문입니다.

그러니 그들에게
상을 내려 주십시오.

오호, 기특하구나.
어떤 전투든 승리 뒤에는
많은 병사의 고생이 있었음을
잊으면 안 된다.
끄덕
늘 가슴에
새기겠습니다!

그나저나 이대로
물러나긴 아깝습니다.
더 공격한다면 더욱 큰
성과를 얻지 않겠습니까?

이번 전쟁의 목적은
고구려를 넘보지 못하도록
우리의 힘을
보여 주는 것이다.
본격적으로 백제와
전쟁을 치르려면 지금보다
철저히 준비해야 해.

담덕은 아쉬운 마음이 들었지만 아버지 고국양왕의 말대로 물러설 수밖에 없었습니다.

좋긴 뭘 좋나! 가서 농사지을 생각은 안 하나?

전쟁이 없었다면 더 좋았겠지만…….

화륵

그래도 목숨 붙어 돌아가는 게 어딘가?

나도 함께 얘기해도 되겠소?

스윽

태자님!

전쟁에 대한 병사의 생각은 어떻소?

그것이…….

전쟁에 대한 자신의 생각과 백성의 생각이 다른 것을 알게 된 담덕은 고민에 빠졌습니다.

광개토 대왕에 관한 다음 글을 읽고 물음에 답하세요.

광개토 대왕은 374년(소수림왕 4년) 고구려 제17대 소수림왕의 동생 고이련의 아들로 태어났습니다. 어려서부터 병법에 관심이 많고 무예도 뛰어났던 광개토 대왕은 주변의 여러 나라와 전쟁을 겪으며 고구려를 강한 나라로 만들겠다는 의지를 품었지요.

잠시 고구려의 역사를 살펴보면, 제1대 동명성왕이 건국한 후, 제3대 대무신왕이 낙랑을 멸망시켰고, 제6대 태조왕이 중앙 집권 체제를 정비하면서 고대 국가의 기틀을 마련했어요. 또한, 제9대 고국천왕은 부족의 힘을 약화시키고 왕권을 강화했습니다. 이렇게 성장을 이어 가던 고구려는 이후 위기에 처하게 됩니다. 고구려 제16대 고국원왕은 전연의 침입으로 고초를 겪었으며, 결국 백제와의 전쟁에서 죽음을 맞았습니다. 당시 중국은 여러 나라가 공존해 매우 혼란스러웠던 5호 16국의 시대였어요. 게다가 백제 역시 호시탐탐 고구려를 넘보고 있었지요. 고구려는 백제, 신라뿐 아니라 중국의 여러 강력한 나라들과 국경을 맞댄 채 많은 어려움을 겪었습니다. 이에 제17대 소수림왕과 제18대 고국양왕은 왕권을 키워 나라를 안정시키기 위해 노력했어요.

광개토 대왕은 391년(광개토 대왕 1년) 5월, 열여덟 살에 고국양왕의 뒤를 이어 왕위에 올랐습니다. 그리고 중국 대륙에 있는 연이나 진과 대등한 황제국임을 만천하에 알리기 위해 연호를 사용하여 고구려인의 자부심을 드높였습니다. '연호'는 황제가 자신이 다스리는 시기에 붙이는 이름으로, 중국의 왕조는 대부분 연호를 사용했습니다. 광개토 대왕은 연호를 '영락'이라 하였는데, 여기에는 고구려의 백성이 오랫동안 즐거움을 누릴 나라가 되기를 바라는 뜻이 담겨 있었습니다.

또한, 광개토 대왕은 왕위에 오른 후 남쪽 백제는 물론 후연, 숙신, 거란 등 북방을 정벌하며 우리 역사상 최대 영토를 차지함

으로써 고구려를 누구도 함부로 넘볼 수 없는 강대한 나라로 키울 수 있었습니다.

광개토 대왕이 독자적인 연호를 사용하고 활발한 정복 활동을 벌인 것은 모두 백성이 잘사는 나라를 만들기 위해서였습니다. 39년이라는 짧은 생애 동안 그 누구보다도 치열한 삶을 살았던 광개토 대왕은 우리 역사상 가장 강대한 나라를 이끈 영웅이자, 누구보다도 백성을 사랑했던 자애로운 왕으로 기억되고 있습니다.

광개토 대왕의 뒤를 이은 장수왕은 아버지 광개토 대왕의 업적과 고구려의 역사를 자세히 기록한 비석을 세웠습니다.

1 **광개토 대왕은 어느 나라의 왕인가요?**

① 신라
② 백제
③ 후연
④ 고구려
⑤ 고려

2 **광개토 대왕에 대한 설명으로 알맞지 않은 것은 무엇인가요?**

① 어려서부터 병법에 관심이 많았다.
② 무예에는 소질이 없었지만 그림을 잘 그렸다.
③ 고구려를 대제국으로 만들고자 하는 꿈이 있었다.
④ 활발한 정복 활동을 벌이며 나라를 넓혀갔다.
⑤ 소수림왕의 동생인 고이련의 아들로 태어났다.

3 **광개토 대왕의 꿈(동기)은 무엇인가요?**

① 세상에서 가장 넓은 영토를 갖는 것
② 철기로 무기를 만들어 전쟁에서 승리하는 것
③ 백성들이 잘사는 나라를 만드는 것
④ 주변에 있는 나라들을 멸망시키는 것
⑤ 고국원왕의 원수를 갚는 것

▶ 정답: 232쪽

Ⅱ. '나'와 광개토 대왕

STEP 1

동기와 만족 지연

동기는 자아실현을 위한 의지이고, 자기 관리는 자아실현을 위한 의지를 유지하기 위해 꼭 필요한 것이죠. 자기 관리와 관련 깊은 만족 지연은 순간의 욕망이나 편안함을 추구하지 않고 인내하고 노력하는 정도를 뜻해요. 만족 지연 능력에 따라 목표를 이루기 위해 참고 노력하는 정도가 달라요. 여러분의 만족 지연 능력은 어떤가요? 인내하며 노력한 경험이 있는지 생각해 보세요.

광개토 대왕은 이랬어.

광개토 대왕은 어릴 때부터 병법에 관심이 많고 무예도 뛰어났어. 고구려가 주변의 나라들과 전쟁을 겪는 것을 지켜보며, 고구려를 강한 나라로 만들겠다는 포부를 가졌어. 하지만 적절한 시기가 되기 전까지는 주변 나라들과 좋은 관계를 유지해야 한다는 것을 깨달았어. 그래서 열심히 무예를 갈고닦으며, 주변 나라들의 정세를 공부했어. 마침내 왕위에 오른 뒤에 남쪽의 백제, 북쪽의 후연 등 국경을 접한 나라들을 모두 꺾으며 대제국 고구려를 향한 꿈을 이루어 갔어.

너는 어땠어?

STEP 2

동기와 용기 있는 행동

광개토 대왕은 독자적인 연호를 사용하고 정복 활동을 펼치는 등 용기 있게 행동했어요. 그가 이렇게 할 수 있었던 것은 백성들이 편안하게 살도록 해주고 싶은 마음 때문이었습니다. 이렇게 동기는 용기 있는 행동을 시작하는 계기가 된답니다.

광개토 대왕은 용기 있게 꿈을 실현해 나갔어.

고구려는 백제, 신라뿐 아니라 중국의 여러 강력한 나라들과 국경을 맞댄 채 많은 어려움을 겪었어. 이에 소수림왕과 고국양왕은 왕권을 키워 나라를 안정시키기 위해 노력했지. 이를 발판 삼아 광개토 대왕은 활발한 정복 활동을 벌이며 고구려를 누구도 함부로 넘볼 수 없는 강대한 나라로 키우겠다는 꿈을 실현해 나갈 수 있었어.

네가 용기를 내게 만드는 동기는 무엇이야?

STEP 3

동기를 발전시키는 힘

동기는 자신을 존중하는 마음이 있을 때 더욱 발전할 수 있어요. 광개토 대왕도 높은 자아존중감을 지니고 있었기에 고구려를 강력한 나라로 만들겠다는 동기를 키워 나갈 수 있었죠. 아래 글에서 광개토 대왕의 자아존중감이 잘 드러난 부분을 찾아서 밑줄을 그어 보세요.

광개토 대왕은 고구려만의 연호를 사용했어요. 연호는 한 황제가 다스리는 시기에 붙이는 이름으로, 보통 중국 황제만 만들어 쓰던 것이에요. 광개토 대왕이 연호를 사용했다는 것은 고구려가 중국의 눈치를 보지 않고 연호를 붙일 만큼 강력한 나라로 성장했으며, 이에 강한 자부심을 갖고 있었음을 보여 주지요. 광개토 대왕이 사용한 연호는 '영락(永樂)'이에요. 영락이란 영원한(永) 즐거움(樂)을 뜻하는데, 오래도록 백성을 즐겁고 평안하게 하겠다는 광개토 대왕의 마음이 담겨 있답니다.

이것만은 꼭!

광개토 대왕을 떠올려 봐! 광개토 대왕의 성공 비결은 긍정적인 마음가짐과 포기하지 않는 끈기였어. 그는 무엇이든 할 수 있다고 믿었고, 자신을 믿는 만큼 꿈을 위해 더욱 노력했지. 이것이 바로 광개토 대왕이 우리에게 남겨준 가르침이야. 세상을 희망으로 이끄는 사람은 바로 너 자신이라는 것을 명심해!

주체적 삶을 열망했던 소설가

버지니아 울프

버지니아 울프는 여성에 대한 차별 때문에 교육조차 제대로 받지 못했지만, 당대 최고의 작가가 되어 현대 문학에 큰 영향을 끼쳤습니다. 다음은 어릴 때부터 호기심이 많고 책 읽기와 글쓰기를 좋아했던 버지니아 울프의 모습을 잘 보여주는 일화입니다.

목사님, 갈릴레이의
지동설이 뭐예요?
아, 그건
가정 교사에게
물어보거라.

버지니아는 어린 시절부터 호기심이 많았습니다. 하지만 주변 사람 누구도 버지니아의 궁금증을 제대로 해결해 주지 못했습니다. 버지니아가 뭔가 물어보려고 하면 어른들은 허둥지둥 자리를 떠나며 질색하곤 했습니다.
재는 골치 아픈 질문만 하더라.
후
얼른 피하자!
다
닥

흐음. 궁금한 게 정말 많은데 제대로 아는 사람이 없어.

아빠는 맨날 서재에 들어가서 나오지도 않아.

버지니아는 아버지의 서재에 틀어박혀
책 읽는 것을 좋아했어요.

사람들과 말하는 것보다 책 읽는 게 훨씬 재밌어.

내가 모르는 것도 책 속에 다 있고.

나중에 어른이 되면 숲속에 집을 짓고 마음껏 책을 읽을 거야.

버지니아,
이게 뭐야?
앗,
내 공책!

버지니아는 틈만 나면 책을 읽고 매일매일 자신의 생각과 느낌을 일기로 적고 있었습니다.

이거 정말로
네가 다 쓴 거니?
으응, 아직 다
쓴 건 아니야.

야~ 제법 괜찮은걸!
정말?

너 글재주가
있구나.
진짜야?
재능이 있다고?

진짜라니까!
열심히 해 봐!
알았어.
고마워, 언니!

하지만 버지니아는 어린 시절부터 극심한 남녀 차별을 경험했습니다. 남자 형제들은 정식으로 공부해 대학에 진학했으나 버지니아와 여자 형제들은 집에서 예절 교육과 교양 수업을 받을 뿐이었습니다.

책을 읽고
글을 쓰는 건
누군가에게 배우지
않아도 나 혼자 할 수
있어. 그러니까
열심히 하면
될 거야.
버지니아!
작가가 돼서 남자에게
얽매이지 않고
자유롭게 살 거야.

그럼 우리 여기서
공부하며 꿈을 키우자.
나도 화가가 되고 싶어.

둘이 손잡고 반드시
이 집을 나가자!
약속해!

버지니아는 아버지의 서재에서 작가 공부를 시작했습니다.
새로운 희망과 꿈으로 버지니아는 그녀를 괴롭혔던
정신 질환을 이겨 낼 수 있었습니다.

버지니아 울프에 관한 다음 글을 읽고 물음에 답하세요.

버지니아 울프는 1882년 영국에서 태어났습니다. 어린 시절 조용하고 내성적이었던 버지니아 울프는 문필가이자 학자였던 아버지의 영향을 받아 또래들과 어울리는 것보다 아버지의 서재에 틀어박혀 책 읽기를 좋아했습니다. 똑똑하고 영리했지만 정규 교육을 받지 못했는데, 양갓집 규수로 참하게 지내다 좋은 집안에 시집가기를 원했던 부모님의 바람 때문이었죠. 하지만 버지니아 울프는 부모의 품에서 독립하고 작가가 되겠다고 굳게 마음먹고 혼자서 차근차근 공부해 실력을 쌓았습니다. 길고 긴 자기와의 싸움 끝에 그녀는 결국 두 가지 꿈을 모두 이루게 됩니다.

버지니아 울프는 '의식의 흐름 기법'이라는 글쓰기 방법으로 소설을 썼습니다. 그녀의 소설은 '도대체 무슨 말을 하는 건지 모르겠다!'라는 말이 나올 정도로 어렵고 난해합니다. 그와 동시에 오늘날 읽어도 '도대체 그 옛날에 어떻게 이런 소재와 주제로 글을 썼지?'라고 말할 정도로 상당히 세련된 느낌을 줍니다. 《올랜도》에서처럼 남성이 여성으로 바뀐다거나 《댈러웨이 부인》에서처럼 하루 동안에 일어난 이야기를 마치 입체파 화가인 피카소의 그림처럼 다각적인 측면에서 그려 낸다거나 하는 것은 오늘날에도 여러 작가들이 계속 활용하고 있는 글쓰기 방법입니다.

버지니아 울프는 주로 여성의 삶에 대해 이야기하는 작품을 썼습니다. 이 당시까지 문학계에서 여성의 모습은 누군가의 아내나 어머니의 모습으로 그려져 왔습니다. 누군가에게 소속된 것이 아니라 한 사람으로서 여성의 삶이나 내면에 대해서는 기록하지 않았고 그다지 관심도 없었습니다. 그녀는 출발선이 다른 달리기 경주에서 여성이 이길 수 있는 방법은 출발선을 같게 만드는 것뿐이라고 생각했습니다. 그러기 위해서는 여성도 경제적으로 독립하고 남성처럼 교육을 받아 직업을 가져야 한다고 생각했고, 스스로 그러한 삶의 모범을 보여 주었습니다. 그녀는 끊임없이 배우고 공부했고 결혼 후에도 집필을 계속하여 작가라는 직업으로 꾸준히 경제적 수입을 얻었습니다. 그 덕분에 버지니아 울프는 삶을 독립적으로 영위한 것을 뛰어넘어 수많은 여성들의 롤 모델로서 우뚝 설 수 있었어요.

30대의 버지니아 울프

'글쓰기 없이는 삶도 없다!'고 여겼으며, 여성의 권리를 주장하며 새로운 글쓰기를 시도한 예술가 버지니아 울프는 여성으로서의 한계를 벗어던지고 위대한 작가의 반열에 올랐습니다. 그녀는 현실과 타협하지 않았습니다. 온실 속의 화초와 같은 삶을 거부하고 거칠고 험한 세상에서 홀로 싸우며 자기만의 인생을 개척했습니다. 평생 몸과 마음의 질병에 시달렸지만 결코 굴하지 않았습니다. 자신의 고통을 승화시켜 빛나는 문학 작품을 쏟아 내고 고독한 문학의 길을 자처해 걸어간 끝에 여성 문학계의 대모로 우뚝 선 사람, 바로 버지니아 울프입니다.

1 **버지니아 울프의 직업으로 알맞은 것은 무엇인가요?**

① 작가
② 전업주부
③ 요리사
④ 정원사
⑤ 모델

2 **버지니아 울프에 대한 내용으로 알맞은 것은 무엇인가요?**

① '의식의 흐름 기법'이라는 글쓰기 방법으로 소설을 썼다.
② 다른 작가들의 작품을 읽고 비슷하게 쓰려고 노력했다.
③ 양갓집 규수로 참하게 지내다 좋은 집안에 시집가기를 원했다.
④ 성격이 외향적이고 활동적이었다.
⑤ 가난한 집안에서 태어나 어린 시절부터 고생을 겪었다.

3 **버지니아 울프가 자신이 원하는 것을 이룰 수 있었던 이유로 알맞은 것은 무엇인가요?**

① 가족들의 든든한 응원과 지원
② 정규 교육을 통해서 배운 여러 가지 지식
③ 19세기 후반 여성을 우대하는 분위기
④ 독서를 사랑하고 목표를 이루려는 노력
⑤ 결혼해서 얻은 경제적인 여유

▶ 정답: 232쪽

Ⅱ. '나'와 버지니아 울프

STEP 1

동기 이해하기

버지니아 울프는 어떤 상황에서도 작가가 되겠다는 목표를 포기하지 않고 열정을 다해 책을 읽고 글을 썼습니다. 이렇게 목표를 달성하기 위해서는 마음속에서 일어나는 동기가 중요합니다. 여러분도 목표를 이루기 위해서 무언가를 꾸준히 하는 습관을 길러 본 적이 있나요?

버지니아 울프는 이랬어.

어린 시절 버지니아 울프는 아버지의 서재에 틀어박혀 책 읽기를 좋아했어. 처음에는 서재에 출입하는 것을 막았던 아버지도 그녀의 꾸준한 독서열에 감탄해 서재 출입을 허락해 주었대.

버지니아 울프는 책을 읽다가 마음에 드는 대목은 노트에 베껴 적기도 하고 책을 읽은 감상을 메모하는 등 오늘날의 독서록과 같은 것을 꾸준히 적었다고 해. 그저 읽기만 한 것이 아니라 내용을 파악하고 분석하는 능력까지 키웠던 거야. 이것은 그녀의 오랜 습관이자 좋은 취미 생활로 자리 잡았고 생을 마칠 때까지 계속되었어.

너는 어땠어?

STEP 2

자기 관리 연습하기

버지니아 울프는 동기를 바탕으로 끝없이 자기 관리를 했습니다. 만약 그녀가 기분에 따라 즉흥적으로 행동하거나 사회에 순응하기만 하는 사람이었다면 꿈과 멀어졌을 거예요. 여러분도 자기 관리를 통해 시간과 노력을 잘 활용하여 꿈에 도전해 보도록 해요.

버지니아 울프는 스스로 삶을 개척했어.

버지니아 울프는 똑똑하고 영리했지만 정규 교육을 받지 못했어. 부모님은 그녀가 좋은 집안의 남자와 결혼하기만을 원했거든. 하지만 작가가 되고 가족에게서 독립하는 것이 버지니아의 꿈이었어. 그녀는 꿈을 실현하기 위해 차근차근 실력을 쌓아 나갔지. 그녀는 결국 시간과의 싸움, 그리고 자기 자신과 싸움에서 이겼어. '작가'와 '독립' 두 가지 꿈을 모두 이룬 것이지.

네가 아는 자기 관리 방법을 얘기해 봐.

내가 생각하는 자기 관리 방법은

(   )

등이야.

자기 충족적 예언

어떤 목표를 세운 뒤 반드시 이루어질 것이라고 믿고 노력하면, 실제로 그 목표를 실현할 수 있어요. 이것을 '자기 충족적 예언'이라고 해요. 아래에 내가 상상하는 미래의 내 모습을 그리고, 나의 꿈을 담아 〈보기〉처럼 미래의 내 이름표를 만들어 보세요. 그런 다음, 내가 꿈꾸는 사람이 되려면 어떤 다짐이 필요할지 생각해 보세요.

미래의 내 모습

미래의 내 이름표

〈보기〉

마음이 따뜻한 세계 최고의 의사

황 민 호

____

○ ○ ○

나의 다짐

이것만은 꼭!

누구나 자신의 목표를 이루기까지는 어려움을 겪어. 하지만 어떤 사람은 쉽게 포기하고, 어떤 사람은 될 때까지 문을 두드리고 도전하며 포기하지 않지. 너는 어떤 사람이길 원하니? 지금부터 차근차근 고민하고 꿈을 향해 다가가 보는 게 어때? 너의 꿈이 너를 기다리고 있어!

고통을 예술로 승화시킨 음악가

루트비히 판 베토벤

베토벤은 청각을 잃은 시련을 이겨 내고 인생의 모든 경험이 담겨 있는 곡을 만들어 많은 사람들에게 감동을 주었어요. 다음은 베토벤이 청력에 문제가 생겨 음악 활동에 어려움을 겪을 무렵의 이야기입니다.

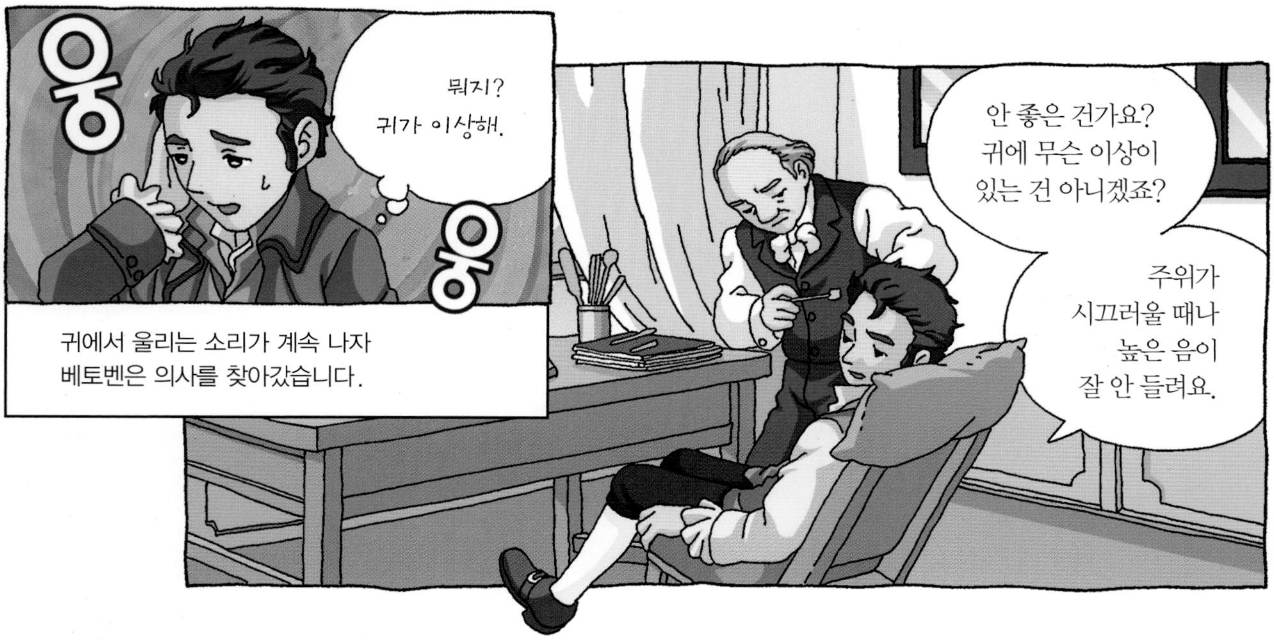

웅

뭐지? 귀가 이상해.

웅

귀에서 울리는 소리가 계속 나자 베토벤은 의사를 찾아갔습니다.

안 좋은 건가요? 귀에 무슨 이상이 있는 건 아니겠죠?

주위가 시끄러울 때나 높은 음이 잘 안 들려요.

잠시 그러다가 괜찮아질 수도 있습니다.

술은 당분간 자제하시고 근처 온천에서 요양하는 게 좋겠습니다.

어느 정도 지난 후에 다시 진찰하도록 하지요.

네.

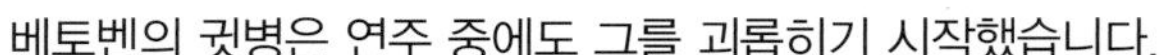
베토벤의 귓병은 연주 중에도 그를 괴롭히기 시작했습니다.

어제는 내가 너무
과민했던 거야.
그런데 밖이 왜
이리 조용하지?

소리가 왜 이렇게
작게 들리지?

얼마 전부터 귀가 더
안 좋아진 것 같아.
우선 사람들이 모르게
해야 해.
내가 귀 때문에 의사를
만나는 게 알려지면
음악가로서 치명타를
입을 수도 있어.

청력이 약해지면서 베토벤은 사교 모임에도 나가지 않고 사람들과 어울리기를 꺼렸습니다. 리히노프스키 공작으로부터 받는 후원금에, 작품집도 잘 팔려서 경제적인 불편함은 없었지만 귓병으로 인해 그의 생활은 엉망이었습니다.
아니야, 아니야!
음악가로서 능력을 발휘할 수 있는 가장 좋은 시절이 너무나 빨리 사라져 가고 있어.
나는 이제 어쩌지?
이 시련을 어떻게 이겨 낼 수 있단 말인가?

귓병이 악화되어 갈수록 베토벤은 오히려 음악 속에 살면서 자신만의 새로운 음악을 만들어 내는 데 집중했습니다. 엎친 데 덮친 격으로 사랑했던 여인마저 떠나버리자 베토벤에게 가장 큰 기쁨은 음악 작업을 하는 것뿐이었습니다.

1802년 여름, 베토벤은 의사의 권고를 받아들여
빈 교외에 있는 하일리겐슈타트에서 요양을 하며 지냈습니다.
아, 맑은 공기와 푸른 들판, 이런 곳에 있으면 깊은 병도 절로 낫겠구나.
하지만 예상과 달리 귓병은 더욱 심해졌고,
청력 장애에 대한 두려움과 고통에 시달리던 베토벤은
삶을 포기한 채 유서를 쓰기도 했습니다.
이런 일들은 나를 절망에 빠뜨리고, 생을 마감하고 싶게 만들지만 그럴 때마다 나를 붙잡는 것은 오직 나의 예술이었다.
나의 동생 카를에게, 누군가 멀리서 들리는 플루트 소리를 듣는데 나는 아무것도 들을 수 없거나, 누군가 양치기가 부르는 소리를 듣는데 나는 아무것도 들을 수 없을 때 나는 심하게 부끄러워진단다.
카를, 내가 죽거든 의사에게 나의 병에 대해 써 달라고 부탁해서 세상 사람들이 내가 죽은 후에도 나에 대해 조금이라도 이해할 수 있게 해다오. 너는 나보다 더 자유로운 삶을 살길 바란다. 행복해라.
- 루트비히 판 베토벤

나는 아직 할 일이 많아.

새로운 음악에도 도전해 보고 싶어. 만약 죽는다면 아무것도 이루지 못하겠지.

영웅의 음악도 만들어야 하는데…….

영웅의 음악을 아직 완성하지 못했어!

루트비히 판 베토벤에 관한 다음 글을 읽고 물음에 답하세요.

루트비히 판 베토벤은 1770년 독일의 본에서 태어났습니다. 베토벤의 할아버지는 궁정의 음악가였고, 베토벤의 아버지 또한 할아버지의 뒤를 이어 궁정의 가수이자 음악 교사이기도 했습니다. 베토벤은 네 살이 되던 해부터 아버지에게 직접 음악을 배웠습니다. 베토벤의 아버지는 학대나 다름없을 정도로 베토벤에게 매우 엄격했지요.

베토벤은 하이든과 모차르트 모두에게 영향을 받았는데 하이든에게는 정식으로 가르침을 받기도 했습니다. 베토벤은 1795년 빈에서 피아노 연주자로 데뷔했고, 이후 작곡가로도 활동했습니다.

1800년에 베토벤은 교향곡 작곡을 시작하지만 안타깝게도 그 무렵 난청이 찾아옵니다. 베토벤이 1801년 친구 베겔러에게 보낸 편지에는 귀에서 휘파람 소리나 윙윙거리는 소리가 밤낮으로 들리고 다른 사람의 말을 잘 알아듣지 못한다는 고백이 담겨 있습니다. 음악가에게 귀가 들리지 않는다는 건 사형 선고나 마찬가지였어요. 베토벤은 자살을 결심하고 유서까지 썼지만, 이 모든 고난을 이겨 냈습니다. 작곡에 대한 열정이 그를 일으켜 세운 것이었죠.

베토벤은 결국 청력을 완전히 잃어버렸지만, 장애를 극복하고 작곡 활동에 더욱 열중하여 후대에 전해지는 훌륭한 음악을 작곡했습니다. 그가 작곡한 교향곡 제3번 〈영웅〉은 고전파 음악의 형식을 따르면서도 자신만의 개성을 더해 독특한 자신의 음악 세계를 확립한 곡입니다. 교향곡 제5번 〈운명〉은 개인의 감정과 개성을 표현하는 데 중점을 둔, 19세기 낭만파 음악의 문을 연 작품이라는 평가를 받습니다.

평생 불행과 맞서 싸우며 살았던 베토벤은 1827년 눈보라가 휘몰아친 어느 날 오후에 숨을 거두었습니다. 베토벤을 보통 '악성(樂聖)'이

라고 부릅니다. '악성'은 '음악의 성인'이란 뜻이에요. 처절한 운명과 싸워 위대한 음악을 남긴 음악가이기에 이런 별명이 붙여진 것입니다. 베토벤은 아버지의 학대에도 불구하고 자신만의 음악 세계를 펼치기 위해 노력했고, 귀가 들리지 않는 장애에 시달리면서도 끝까지 음악가의 길을 걸었습니다. 이러한 베토벤의 삶은 그의 음악에 고스란히 담겨 여전히 사람들에게 감동을 주고 있습니다.

독일의 화가 요제프 칼 슈타이어가 그린 베토벤의 초상화로, 〈장엄 미사〉를 작곡하고 있는 모습입니다.

1 **베토벤의 직업으로 알맞은 것은 무엇인가요?**

① 시인
② 음악가
③ 장군
④ 정치인
⑤ 건축가

2 **베토벤에 대한 내용으로 알맞은 것은 무엇인가요?**

① 베토벤의 아버지는 궁정 정원사였다.
② 베토벤의 어머니가 베토벤의 음악 교육을 담당했다.
③ '음악의 성인'이라고 불린다.
④ 작곡은 했지만 피아노는 연주하지 못했다.
⑤ 고전 미술에 큰 영향을 미쳤다.

3 **베토벤이 꿈을 이룰 수 있었던 이유로 가장 알맞은 것은 무엇인가요?**

① 귀가 들리지 않는 장애
② 어머니의 따뜻한 사랑
③ 엄격한 음악 교육을 한 아버지
④ 고난에 굴하지 않는 음악에 대한 열정
⑤ 항상 자신의 감정을 절제함

▶ 정답: 233쪽

Ⅱ. '나'와 루트비히 판 베토벤

STEP 1

동기 유지하기

베토벤은 음악에 대한 사랑을 바탕으로 작곡을 시작했지만, 주변의 평가는 좋지 않았어요. 그럼에도 불구하고 작곡을 포기하지 않을 수 있었던 힘은 바로 음악에 대한 열정 때문이었어요. 여러분은 어떤 일을 하려고 할 때 열정을 갖게 되는지 생각해 보세요.

루트비히 판 베토벤은 이랬어.

베토벤은 스승 네페를 만나 작곡에 눈을 뜨게 돼. 그러나 그가 처음으로 작곡한 음악에 대한 네페의 평가는 무척 비판적이었어. 베토벤은 크게 상심하여 한동안 작곡할 엄두도 내지 못했지.

하지만 베토벤은 다시 작곡에 대한 열정을 불태웠어. 빈에 머물던 1795년부터 작곡한 음악들은 베토벤의 음악 세계가 진실하게 표현됐다는 평가를 받아. 1800년에 이르러서는 교향곡 작곡을 시작하지만 안타깝게도 그 무렵 난청이 찾아와. 베토벤은 자살을 결심하고 유서까지 쓸 정도로 좌절했지만 결국 이러한 고난을 이겨 냈어. 작곡에 대한 열정이 그를 다시 일으켜 세운 거야.

너는 어때?

STEP 2

시간 활용 잘하기

베토벤은 자신을 음악가로 성장시켜 줄 스승을 찾고 다양한 음악 활동에도 열심히 참여하는 등 자신의 꿈을 실현하는 데 모든 시간을 쏟았습니다. 시간은 누구에게나 공평하게 주어지지만 어떻게 활용하느냐에 따라 결과가 달라지지요.

베토벤은 매 순간을 의미 있게 보냈어.

베토벤의 스승 네페는 자신의 보조 오르간 연주자로 베토벤을 임명했어. 여기에서 베토벤은 다양한 경험을 쌓게 되고, 이후 교향악단에 들어가서 첼발로 연주를 하게 되지. 베토벤은 작곡가로 성장하기 위한 기본기를 쌓기 위해 매 순간을 성실하게 보냈던 거야.

너는 어떤 일에 시간을 활용하고 싶어?

STEP 3

성실함 갖추기

목표를 위한 동기가 충분히 채워졌다면, 이제 성실하게 노력할 차례입니다. 성실함은 하루아침에 이루어지지 않아요. 평소 행동과 생활 모습 또는 계획에 얼마나 도달했는지가 자신의 성실함을 판단할 수 있는 기준이 됩니다.

지난 한 주 돌아보기

지난주에 한 일을 요일마다 한 가지씩 써 보고, 그 시간을 의미 있게 보냈다면 ◯, 헛되이 보냈다면 ╳로 표시하세요. ╳ 표시보다 ◯ 표시가 더 많다면 헛되이 보내는 시간을 줄일 방법을 이야기해 보세요.

요일	지난주에 한 일	O/X
월요일		
화요일		
수요일		
목요일		
금요일		
토요일		
일요일		

이것만은 꼭!

베토벤을 떠올려 봐. 베토벤은 평생 불행과 맞서 싸우며 살았어. 어린 시절에는 아버지의 학대를 겪어야 했고, 음악 활동을 시작한 뒤에는 귀가 들리지 않게 되어 좌절했지. 하지만 결국 이 모든 걸 견뎌 내고 끝까지 음악가의 길을 걸었어. 이러한 베토벤의 삶은 그의 음악에 고스란히 담겨 있어. 세월이 흘러 시대가 변했어도 베토벤의 음악은 여전히 감동을 주고 살아 숨 쉬는 것처럼 느껴져. 아마도 그가 자신의 꿈을 이루기 위해 열정적으로 노력했기 때문이 아닐까? 잊지 마, 네가 무언가를 위해 노력하며 눈을 빛내는 지금이 가장 아름다운 순간이야!

페니실린을 발견한 미생물학자

알렉산더 플레밍

인류 최초의 항생제인 페니실린을 발견한 알렉산더 플레밍은 세균에 맞서 인류의 건강을 지키는 데 크게 공헌한 미생물학자입니다. 다음은 자연 속에서 뛰놀며 자연에서 모든 것을 배우던 그의 어린 시절 이야기입니다.

알렉산더,
그만 보고 어서 가자.
학교 늦는단 말이야.
형, 나비를 조금만 더 관찰하다 가면 안 될까?

안 돼!
어서 학교에 가야 해.

매일 학교를 오가는 동안, 알렉산더는 자연에서 접하는 많은 것을 배우고 주위 사물을 예리하게 관찰하는 능력을 키울 수 있었습니다.
너 때문에 지각하게 생겼잖아!
미안해, 형!

선생님이 칠판에 필기하는 동안
조용히 따라 적으세요.
빼꼼

살금살금

한번은 풀밭에 누워 풀을 뜯고 있는 양들을 바라보고 있었어요.

형, 양이 다리를
다쳤나 봐.
어떡하지?
음매~
우선 상처를 붕대로
감아야 하는데……

붕대는 집에 있잖아.
집까지 갔다 오기에는
너무 먼데, 어쩌지?

아, 그래!
손수건이
있었지.

이렇게 상처를
묶어 주면,
치료 끝!

어때, 내 솜씨가?
꼭 의사 선생님 같지 않아?
오, 대단한데!

며칠 뒤
너희 둘, 양이 다쳤으면 나한테 바로 말했어야지. 양이 이렇게 될 때까지 그냥 놔두면 어떡하니?

그냥 놔두지 않았어. 내가 상처를 치료해 줬단 말이야. 톰 형이 내 팔에 손수건을 감아 줬던 것처럼 나도 똑같이 해 줬다고.

맞아, 알렉산더가 치료해 줬어.

이렇게 더러운 손수건으로 다리를 감싸면 상처가 세균에 감염되잖아!
세균?

세균이 뭐야?
눈에 보이지 않는 작은 생물인데, 상처에 세균이 들어가면 덧난단 말이야.

그럼, 저 양은 어떻게 되는 거야?

스스로 낫지 않으면 죽을 수도 있어.

아빠처럼 양이 죽는다고?

양을 꼭 치료해 주고 싶었는데. 미안해, 양아.

음매~

내가 이다음에 어른이 되면, 의사가 될게. 그래서 아픈 사람도, 아픈 동물도 모두 오래 살 수 있게 치료해 줄 거야.

I. 조목조목 인물 탐험

알렉산더 플레밍에 관한 다음 글을 읽고 물음에 답하세요.

알렉산더 플레밍은 1881년 스코틀랜드 남서부의 외딴 농가에서 태어났습니다. 그는 형제들과 함께 개울에서 물고기를 잡고, 넓은 들판을 돌아다니며 자연 속에서 어린 시절을 보냈어요.

알렉산더 플레밍은 인류 최초의 항생제인 페니실린을 발견한 미생물학자로 널리 알려져 있어요. 페니실린이 발견되기 전에는 몸속에 들어온 세균과 효과적으로 싸울 방법이 없었습니다. 그래서 작은 상처에도 세균에 감염되어 목숨을 잃었고, 수많은 전염병에도 속수무책으로 당해야만 했습니다. 그렇기에 페니실린은 알렉산더가 인류에게 준 최고의 선물이라고 할 수 있습니다.

우연한 기회로 라이소자임과 페니실린을 발견한 알렉산더에게 많은 사람이 '운이 좋다'라고 합니다. 하지만 이것은 우연한 발견이 아닌, 뛰어난 관찰력 덕분이었습니다. 알렉산더는 사소한 것도 그냥 지나치지 않고 관찰하는 습관이 있었습니다.

콧물과 곰팡이로 오염된 배양 접시를 보통의 사람들이 본다면 대부분 실험을 망쳤다고 실망할 것입니다. 하지만 알렉산더는 이 우연한 기회를 놓치지 않았습니다. 오염된 배양 접시를 거듭 연구한 결과 새로운 물질인 라이소자임과 페니실린을 발견할 수 있었어요.

알렉산더가 우연한 발견을 위대한 발견으로 발전시킨 것은 그의 뚜렷한 목표 의식에서 비롯된 것이었습니다. 직장 생활을 하던 알렉산더가 다시 의사가 되려고 마음먹은 것은 병든 사람들을 치료해 주고 싶다는 뚜렷한 목표가 있었기 때문입니다.

알렉산더는 페니실린으로 치료 약을 만드는 과정에서 수없이 많은 실험을 했지만, 끝내 실패하고 말았습니다. 하지만 낙담하거나 포기하

지 않고, 오히려 실패를 철저히 분석하고 기록했습니다. 이러한 기록은 훗날 다른 연구팀이 페니실린을 정제하는 데 큰 도움을 주었습니다.

1955년, 알렉산더 플레밍은 갑작스러운 심장 마비로 세상을 떠났습니다. '기회는 노력하는 사람에게 찾아온다'라는 평범한 진리를 몸소 실천한 과학자, 알렉산더 플레밍. 위대한 발견으로 수많은 사람의 생명을 구한 알렉산더 플레밍의 업적은 영원히 기억될 것입니다.

알렉산더 플레밍은 페니실린의 발견자로 세계적인 잡지 〈타임〉의 표지 모델이 되기도 했습니다.

1 알렉산더 플레밍의 직업은 무엇인가요?

① 미생물학자
② 화학자
③ 물리학자
④ 사업가
⑤ 연설가

2 알렉산더 플레밍에 대한 설명으로 옳은 것은 무엇인가요?

① 런던의 부유한 집에서 태어났다.
② 낙담하거나 포기하는 일이 많았다.
③ 최초의 항생제인 페니실린을 발견했다.
④ 사소한 일에도 화를 자주 냈다.
⑤ 실패한 일은 다시 돌아보지 않았다.

3 알렉산더 플레밍이 자신의 인생 목표를 달성할 수 있었던 이유로 알맞지 않은 것은 무엇인가요?

① 뛰어난 관찰력
② 기회를 놓치지 않는 끈질긴 집념
③ 뚜렷한 목표 의식
④ 다른 과학자들과의 경쟁 의식
⑤ 실패를 두려워하지 않는 연구 자세

▶ 정답: 233쪽

Ⅱ. '나'와 알렉산더 플레밍

STEP 1

내재적 동기 알아보기

남이 시켜서 하는 일보다 내가 하고 싶은 일을 할 때 시간이 빨리 지나가는 걸 느낀 적이 있죠? 이처럼 어떤 일을 스스로 좋아서 하는 마음이 내재적 동기예요. 알렉산더 플레밍은 하고 싶은 일이 있었기에 내재적 동기를 발현했어요. 하고 싶은 일도 없고 목표도 없이 산다면 어떻게 될까요? 내재적 동기를 꺼내어 노력한다면 우리의 삶은 어떻게 달라질까요? 여러분의 생각을 말해 보세요.

알렉산더 플레밍은 이랬어.

알렉산더는 학교를 졸업하고 나서도 미래에 대한 확실한 목표가 없었어. 선박 회사에 다니기는 했지만 늘 진정으로 자신이 하고 싶은 일이 뭔지 고민했지. 우연히 형과의 대화에서 다친 양을 치료해 주고 싶어 했었던 일을 기억해 낸 알렉산더는 그제야 자신의 꿈을 깨달았지. 그래서 의학 공부를 하겠다고 새롭게 진로를 정했어. 그리고 대학에 진학해서 의학 공부에 더욱 흥미를 느끼면서 꿈에 좀 더 가깝게 나아갈 수 있었지.

너는 어떻게 생각해?

생각 쑥쑥

다음을 읽고, 알렉산더 플레밍이 마지막에 한 말이 무엇일지 잘 생각해 본 후 빈칸에 알맞은 말을 쓰세요.

어느 날 알렉산더의 연구실을 방문한 한 친구가 깜짝 놀라며 말했습니다.
"이렇게 허름한 연구실에서 페니실린을 만들었다니…. 만약 자네가 좀 더 좋은 연구실에서 연구했다면 더 엄청난 발견을 했을 거네."
그러자 알렉산더는 웃으면서 대답했습니다.
"그렇다면 나는 아무것도 발견하지 못했을 거네. 오히려 이 열악한 연구실이 페니실린을 발견하게 해 주었다네. 창틈으로 날아온 곰팡이가 바로 페니실린의 재료가 되었지. 중요한 것은 (　　㉮　　)이 좋다고 해서 꼭 좋은 (　　㉯　　)를 얻는 것은 아니라는 거야."

▶ 정답: 233쪽

STEP 2

꼼꼼하게 관찰하고 분석하기

나의 동기가 발현될 수 있도록 노력하고 있다면, 그와 관련된 작은 것도 놓치지 않고 관찰하고 분석하는 것이 큰 힘이 됩니다. 눈을 크게 뜨고 주변을 바라보고 조금 더 귀를 기울여 보세요. 이것이 바로 관찰의 시작이랍니다.

알렉산더 플레밍은 사소한 것도 놓치지 않고 관찰했어.

실수로 배양 접시에 자신의 콧물을 떨어뜨린 알렉산더는 배양 접시를 씻어 버리기 전에 습관대로 다시 한번 관찰했고, 콧물 속에서 세균에 저항하는 물질인 라이소자임을 발견했어.

또한, 배양 접시에 내려앉은 곰팡이를 물로 씻어 버리기 전 관찰한 덕에 푸른곰팡이를 통해 페니실린을 발견할 수 있었지.

이처럼 무심코 지나칠 수도 있었던 사소한 것까지 놓치지 않고 관찰했던 알렉산더의 습관이 있었기에 오늘날 세균으로 인한 질병에 걸릴 걱정 없이 생활할 수 있게 되었어.

너는 흥미 있는 일이나 분야를 오랫동안 관찰하고 분석해 본 일이 있어?

이것만은 꼭!

알렉산더 플레밍을 떠올려 봐. 우연한 발견을 위대한 발견으로 발전시킨 가장 큰 힘은 그의 뚜렷한 목표 의식이야. 직장 생활을 하다가 다시 의사가 되겠다고 결심한 것은 병들고 상처 입은 사람들을 치료해 주고 싶다는 뚜렷한 목표가 있었기 때문이지. 비록 시작은 늦었지만, 그런 목표 의식을 갖고 누구보다 열심히 공부해서 의사가 되었지. 그 후 전쟁을 겪으며 인체에 해가 없으면서도 세균을 죽이는 물질을 찾겠다는 새로운 목표를 세웠어. 알렉산더는 뚜렷한 목표 의식 덕분에 강한 집념이 생겼고, 이 집념을 통해 수많은 사람의 생명을 구할 수 있었던 거야. 너도 목표를 갖고 노력해 봐. 그렇다면 '늦는 때'란 없어!

신라의 해상 무역 일인자

장보고

통일신라의 장군 장보고는 해적을 소탕하고 활발한 해상 무역을 이끌면서 국제적으로 위용을 떨쳐 '해상왕'으로 불린 인물입니다. 다음은 장보고가 당나라에서 장군으로 있을 때 겪은 일입니다.

신라인이자 당나라 장군인 장보고가 당나라의 한 시장을 지나고 있을 때였습니다.

여기 성실한 신라인 노예들이 있습니다. 골라 보세요~

무슨 일이든 해내는 일꾼들입니다. 밥도 조금만 주면 됩니다!

신라인들이
어찌하여 당에서
이리도 참혹한 생활을
하고 있단 말인가!

9세기 당에는, 먹고살기 어려워 무작정 신라를 떠났거나
해적에게 붙잡혀 온 신라인들을 사고파는 노예 시장이 있었습니다.

신라인이 노예로 팔리는
것을 본 장보고는
큰 충격에 빠졌습니다.
신라의
작은 섬마을에서
가난한 어부의 아들로
태어난 탓에, 늘 바다 너머
세상을 꿈꾸었지.
그러다 당에 건너와
무령군 소장의 자리에까지 올라섰다.
지긋지긋한 가난과
신분의 한계를 딛고
꿈을 이루어 낸 것이야.
하지만 나처럼
운이 좋은 신라인은 많지 않다.
지금도 내 조국 신라는
혼란에 빠져 있고, 백성들은 어려운
삶을 살고 있다.
그동안 난,
나 홀로 잘 먹고
잘살기 위해 성공을
꿈꾸어 왔단
말인가!

지금까지는……
내 성공만을 위해
살아왔다.
하지만
이제부터의 삶은 다르다.
내가 태어난 신라와
어려움에 부닥쳐 좌절하는
신라 사람들을 위해
내 남은 삶을 바칠
것이다!
이날의 사건은 훗날,
해적으로 들끓던 신라 바다를 평정하고
바닷길을 통해 신라의 무역을 발전으로 이끈
해상 무역왕 장보고를 탄생시켰습니다.

8세기 말, 신라의 작은 섬마을에 신분의 벽에
가로막혀 절망하던 소년이 있었습니다.
하지만 주저앉는 대신 당나라로 건너간 소년은 스스로의 노력만으로
무령군 소장에까지 올라섰습니다.

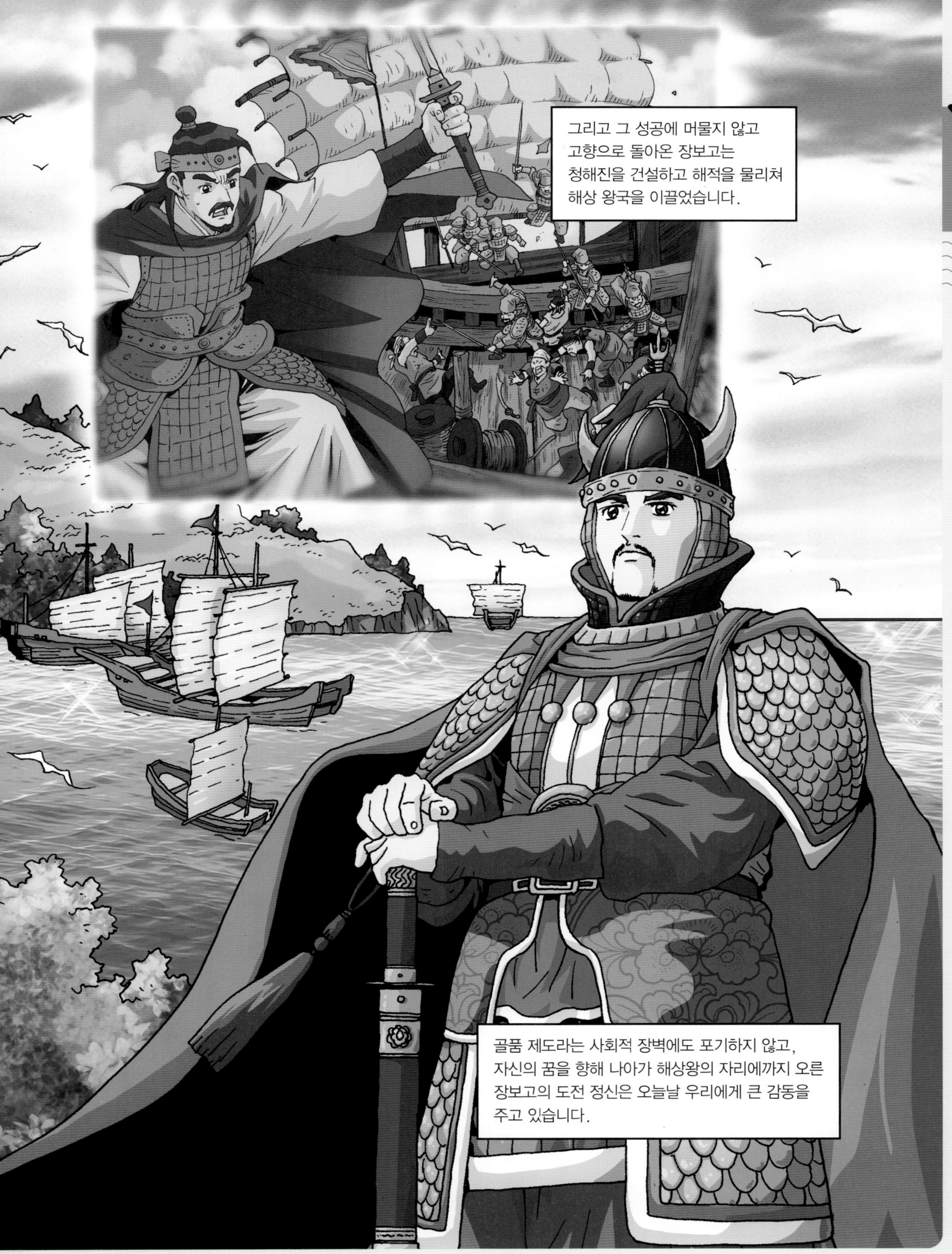
그리고 그 성공에 머물지 않고
고향으로 돌아온 장보고는
청해진을 건설하고 해적을 물리쳐
해상 왕국을 이끌었습니다.
골품 제도라는 사회적 장벽에도 포기하지 않고,
자신의 꿈을 향해 나아가 해상왕의 자리에까지 오른
장보고의 도전 정신은 오늘날 우리에게 큰 감동을
주고 있습니다.

CHAPTER 1 동기

I. 조목조목 인물 탐험

장보고에 관한 다음 글을 읽고 물음에 답하세요.

장보고는 8세기 말 신라의 작은 섬마을에서 평민으로 태어났습니다. 장보고의 어린 시절 이름은 '궁복'이었는데, 또래보다 덩치가 크고 수영 실력이 뛰어났을 뿐만 아니라 동네에서 물고기를 가장 잘 잡는 아이였습니다.

장보고는 장군이 되겠다는 꿈을 세웠지만, 신분의 벽에 막혀 아무것도 할 수 없다는 것을 깨달았어요. 하지만 꿈을 포기하지 않았어요. 현실에 좌절하는 대신 당으로 건너갔습니다. 외국인 용병으로 지원해 당나라 군대인 무령군에서 장교의 자리에 올라 결국 꿈을 이루었습니다.

어느 날 노예 시장에서 거래되는 신라인들을 본 장보고는 당에서의 성공을 버리고 신라로 돌아가기로 마음먹었습니다. 신라 앞바다에서 해적을 소탕해야 신라인이 노예로 끌려가는 것을 막을 수 있다고 생각한 것입니다.

신라로 돌아온 장보고는 흥덕왕을 찾아갔어요. 굳은 의지를 담아 당당하게 말하는 장보고에게 감동한 흥덕왕은 군사 1만 명을 지원해 주고, 장보고를 청해진 대사로 임명했습니다. 청해진은 완도 근처의 장군섬(오늘날의 장군도)에 건설되었어요.

장보고는 군사들과 함께 완도에 군사 기지를 지었고, 튼튼한 배를 건조하는 동시에 항만 시설까지 만들었습니다. 이런 중에도 군사 훈련을 거르지 않았습니다. 청해진이 완성되자 장보고는 해적을 소탕하기 위해 황해로 나아갔습니다. 장보고의 지휘 아래 잘 훈련된 신라군은 해적을 모조리 무찔렀습니다.

바닷길을 신라까지 확장한 장보고는 청해진 곳곳에 배가 안전하게 들어올 수 있는 포구를 만들었습니다. 덕분에 아라비아 상인들이 신라로 바로 들어올 수 있게 되었습니다. 또 왜와의 거래도 더욱 활발해지면서 청해진은 '당-신라-왜'

의 국제 무역을 연결하는 중심지가 되었습니다. 장보고는 항구 시설만 제공하는 것이 아니라 선단을 만들어 직접 무역에도 참여했습니다. 덕분에 청해진은 여러 나라의 상인들과 외국 배들이 넘쳐나는 활기찬 곳이 되었답니다.

주어진 환경에 굴복하지 않고 스스로 삶을 개척하여 꿈을 이루어 낸 장보고. 하지만 그는 한 가지 성공에 머물지 않고 더 큰 꿈을 향해 나아가 해상왕의 자리에 올랐습니다. 이 같은 장보고의 도전 정신은 오늘날에도 우리에게 큰 감동을 주고 있습니다.

1 **장보고의 직업은 무엇인가요?**

① 수영 선수
② 해적
③ 화가
④ 청해진 대사
⑤ 스님

2 **장보고에 대한 설명으로 옳은 것은 무엇인가요?**

① 어린 시절 이름은 궁예였다.
② 흥덕왕에게 군사 2만 명을 지원받았다.
③ 완도에 청해진을 건설하고 해적을 소탕했다.
④ 청해진 대사로 임명되었으나 거절했다.
⑤ 해적이 되어 신라인을 노예로 잡아 당나라에 팔았다.

3 **장보고가 인생 목표를 달성할 수 있었던 이유로 가장 알맞은 것은 무엇인가요?**

① 연이은 자연재해로 인한 고통
② 궁핍한 살림
③ 꿈을 향해 나아가는 도전 정신
④ 뛰어난 수영 실력
⑤ 무령군의 장교까지 오른 무술 실력

▶ 정답: 233쪽

Ⅱ. '나'와 장보고

STEP 1

동기와 목표 세우기

꿈을 이루기 위한 동기를 찾았다면 구체적인 목표를 세우고 깊이 고민하는 시간이 필요해요. 이를테면 장래 희망과 연관된 다양한 정보를 찾고 그에 맞춰 학습 목표를 세우는 것이에요. 중·단기 목표도 좋고 장기 목표도 괜찮아요. 여러분의 장래 희망은 무엇이고 어떤 목표를 가지고 있나요?

장보고는 이랬어.

신라의 작은 섬마을에서 평민으로 태어난 장보고는 신분의 한계 때문에 장군이 되려는 꿈을 이룰 수 없음을 깨달았어. 하지만 장보고는 좌절하지 않고 당으로 건너갔어. 외국인 용병으로 지원해 당나라 군대인 무령군에서 장교의 자리까지 오르며 꿈을 이룰 수 있었어.

너는 어때?

장래 희망
위와 같은 장래 희망을 선택한 이유
장래 희망을 이루기 위해 내가 하는 노력

생각 쑥쑥

1. 내가 하고 싶은 일을 이루었을 때 내 마음이 어떨지 생각해 보세요.

2. 장래 희망을 이룬 미래의 내가 현재의 나에게 어떤 응원의 말을 해줄 수 있을까요?

STEP 2

자기 충족적 예언과 성공 경험

자기 충족적 예언은 목표가 반드시 이루어질 것이라는 믿음을 가지고 노력하여 목표가 현실이 되게 만드는 것을 가리켜요. 작은 것일지라도 이루어 냈을 때의 성취감을 기억하고 자신감을 가지면 목표를 현실화할 수 있어요. 자신의 능력을 믿고 용기 있게 시도하는 사람만이 값진 경험을 얻게 되는 것이지요.

장보고의 성공 경험

장보고는 군사 1만 명과 함께 완도에 군사 기지를 짓고 튼튼한 배를 건조하는 동시에 항만 시설까지 만드는 한편, 군사 훈련을 게을리하지 않았어. 청해진이 완성되자 장보고는 해적을 소탕하기 위해 황해로 나아갔지. 그의 지휘 아래 잘 훈련된 신라군은 해적을 모조리 무찔러 버렸어.

바닷길을 신라까지 확장한 장보고는 청해진 곳곳에 배가 안전하게 들어올 수 있는 포구를 만들었어. 그뿐만 아니라 선단을 만들어 직접 무역에도 참여해서 '해상왕'이라고 불렸어.

네 성공 경험을 얘기해 봐.

장보고에게서 '할 수 있어' 쪽지가 왔어요.
빈칸에 나의 성공 경험을 써서 답장해 보세요.

할 수 있어

- 어떤 활동이나 일을 잘 해낸 경험이 있나요?

- 가장 잘하는 것은 무엇인가요?

- 위의 일을 잘하는 나만의 비법은 무엇인가요?

이것만은 꼭!

장보고를 떠올려 봐. 장보고는 신분의 한계에 부딪혀 꿈을 포기할 위기에 처하지만, 오히려 이를 노력하는 계기로 삼았어. 스스로 실패자라고 생각하기보다는 새롭게 시작할 힘을 냈던 거야. 꿈을 향해 나아가다가 예상치 못한 벽에 부딪히더라도, 항상 너를 응원하는 사람들이 있다는 것을 잊지 말고 더 나은 내일을 위한 경험을 쌓았다고 생각하도록 해. 네 앞에는 무한한 가능성이 반짝이며 너를 기다리고 있다는 것을 기억해!

CHAPTER 2

인 지

8강. 스티븐 호킹

9강. 장 앙리 파브르

10강. 장영실

장애를 이겨 낸 천재 물리학자

스티븐 호킹

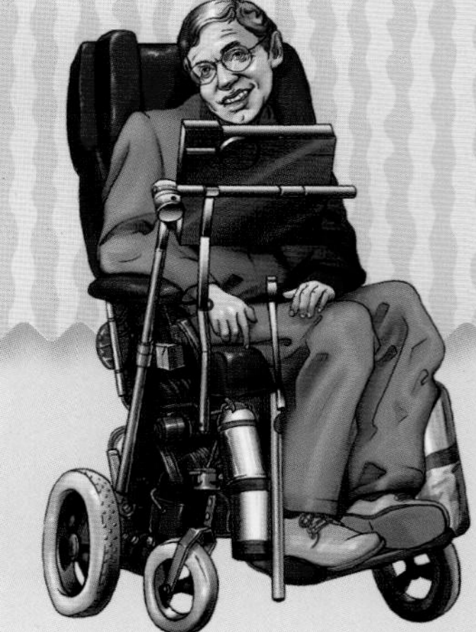

스티븐 호킹은 루게릭병을 앓으면서도 우주의 비밀을 밝히고 대중에게 천체 물리학을 쉽게 알려 주려고 애쓴 천재 물리학자입니다. 다음은 스티븐 호킹의 연구 열정을 보여주는 일화입니다.

스티븐 호킹은 천체 물리학의 발전에 기여했을 뿐 아니라, 대중이 쉽게 이해할 수 있는 물리학 책도 써냈습니다. 특히 1988년 출간된 《시간의 역사》는 많은 인기를 끌었습니다. 우주에 대한 관심이 높아진 일반인과 학생의 강연 요청이 쇄도했고, 그는 세계 각지를 돌며 이에 응했습니다.

그 후로는 절망하거나 화내지 않았습니다. 아니, 차라리 몸이 불편하다는 것을 잊어버리기로 했습니다. 지금 저는 아주 행복합니다.

여러분, 희망을 가지세요. 그리고 용기를 내세요. 이루지 못할 일은 없답니다.

와아아

짝짝짝

무리한 일정으로 인해
건강이 나빠질 대로 나빠진 호킹은
한동안 집에 머물며 아무도 만나지
않았습니다.

박사님,
당분간은 안정을
취하셔야 합니다.

연구하랴, 책 내랴,
강연 다니랴……. 그동안 좀
무리를 하셨어야 말이죠. 이참에
푹 쉬세요. 아셨죠?

아빠!

그렇게 보셔도 소용없어요! 그냥 좀 편히 쉬시라고요. 부탁이에요.

그의 열정은 식을 줄을 몰랐습니다. 호킹은 병마와 싸우면서도 연구 활동을 계속해 나갔고 책을 만드는 일도 게을리하지 않았습니다.

휴, 누가 아빠를
말리겠어요?
자, 그럼 무엇을 하면
되죠? 저와 함께해요.
이제 제가 아빠의 손과
발이 되어 드릴게요.
호킹은 딸 루시와
어린이를 위한 과학 동화를
쓰기 시작했습니다.
쉽고 재미있는 과학책을
쓰겠다던 그의 꿈이
이루어지는 순간이었습니다.
아이들을 위한
책을 만들고 싶구나.
광활하고 아름다운
우주를 담아…….

나중에 스티븐 호킹은 손가락을 이용해서 의사를
전달하는 일도 점점 힘들어졌지만, 그는 76세를
일기로 숨을 거둘 때까지 연구하고 자신의 생각을
알리는 일을 멈추지 않았습니다.
스티븐 호킹의 연구는 인류가 우주 생성의
비밀에 가까이 갈 수 있게 했고, 이를 토대로
천체 물리학 연구도 더욱 활발해졌습니다.
장애에 좌절하지 않고, 과학의 발전을 위해
힘썼던 그의 삶은 시대를 넘어 많은 사람에게
감동과 깨달음을 줄 것입니다.

I. 조목조목 인물 탐험

스티븐 호킹에 관한 다음 글을 읽고 물음에 답하세요.

스티븐 호킹은 1942년 영국에서 태어났습니다. 어린 시절 호킹은 또래보다 체격이 작고 말투도 어눌했지만, 항상 밝고 쾌활했으며 총명한 아이였습니다. 열대병 연구 학자인 아버지와 어려운 이웃을 돕고 좋은 세상을 만드는 일에 적극적이었던 어머니의 가르침 속에서 호킹은 상상력이 풍부한 소년으로 자라납니다.

호킹은 대학에 진학해 과학자의 꿈을 키우지만 스물한 살이라는 젊은 나이에 루게릭병으로 시한부 판정을 받고, 온몸의 근육을 사용하지 못하게 되었어요. 하지만 글을 쓸 수도, 말을 할 수도 없었던 어려운 상황에서도 연구를 멈추지 않았어요.

스티븐 호킹이 처음 연구한 것은 블랙홀이었습니다. 당시 블랙홀은 아인슈타인의 일반 상대성 이론에 따라, 강한 중력을 지닌 블랙홀이 주변의 모든 물질을 빨아들인다고 알려져 있었습니다. 호킹은 동료 물리학자인 로저 펜로즈와 함께 우주가 '특이점'에서 시작된다는 '특이점 정리'를 발표했습니다. 특이점이란 힘의 크기를 알 수 없는 강력한 공간으로, 어떤 물리 법칙도 성립되지 않는 영역을 의미합니다.

1975년, 스티븐 호킹은 양자 역학(원자와 같은 아주 작은 물질의 운동에 대한 이론)을 블랙홀에 대한 자신의 연구에 적용한 논문을 발표했습니다. 블랙홀에서 빠져나간 에너지(양의 에너지)와 유입되는 에너지(음의 에너지)는 서로 균형을 이루기 때문에, 블랙홀에 들어온 음의 에너지가 빠져나간 양의 에너지만큼 블랙홀의 질량을 감소시키고, 그런 식으로 조금씩 질량을 잃은 블랙홀이 마침내 증발한다는 이론이죠. 이것이 바로 '호킹 복사(블랙홀 증발 이론)'입니다.

'특이점 정리'와 '호킹 복사' 등의 연구 성과를 인정받아 영국 왕립 학회의 최연소 회원이 된 호킹은 1979년에 케임브리지 대학교 루카스 석좌 교수에 임명되었습니다. 이는 영국 과학자가 누릴 수 있는 최고의 영예입니다.

물리학자로 명성을 날리던 스티븐 호킹은 우주에 관한 책을 쓰기로 결심했습니다. 이해하기 쉽고 재미있는 책을 만들어 사람들이 우주에 대해 더 많이 알게 되길 바랐기 때문이죠. 1988

년, 마침내 우주의 역사와 시공간의 개념을 쉽게 풀어쓴《시간의 역사》가 출간되었습니다. 이 책은 그동안 발표된 과학책과는 비교도 할 수 없이 큰 인기를 얻었고 호킹은 세계적인 명사가 되었습니다.

루게릭병이 점점 심해지면서 나중에는 손가락을 이용해서 의사를 전달하는 일도 힘들어졌지만, 호킹은 76세를 일기로 숨을 거둘 때까지 끊임없이 연구했습니다. 장애에 좌절하지 않고, 과학의 발전을 위해 힘썼던 그의 삶은 시대를 넘어 많은 사람에게 깊은 감동과 깨달음을 주고 있습니다.

1 **스티븐 호킹의 직업은 무엇인가요?**

① 의사
② 예술가
③ 과학자
④ 발명가
⑤ 정치인

2 **스티븐 호킹에 대한 설명으로 옳은 것은 무엇인가요?**

① 몸이 허약한 탓에 항상 우울했다.
② 영국 왕립학회의 최연소 회원이 되었다.
③ 기존의 과학책보다 더 어려운 과학책을 썼다.
④ 루게릭병의 원인과 치료방법을 알아냈다.
⑤ 평생 책을 쓰는 일에만 몰두했다.

3 **스티븐 호킹이 자신의 인생 목표를 달성할 수 있었던 이유로 알맞은 것은 무엇인가요?**

① 허약한 체력
② 신체적인 장애
③ 영국 왕립 학회의 전폭적인 지원
④ 장애에 좌절하지 않고 과학 발전에 힘씀
⑤ 풍부한 우주여행 경험

▶ 정답: 234쪽

Ⅱ. '나'와 스티븐 호킹

STEP 1

인지 이해하기

어떤 대상에 주의를 기울여 정보를 얻고 익히는 과정이 인지예요. 인지 능력이 높으면 원하는 일에 집중할 수 있고 다양한 방법으로 정보를 쉽게 외울 수 있어요. 인지 능력이 뛰어났던 스티븐 호킹은 책 속에서 새로운 세계를 발견하고 많은 것들을 간접적으로 체험했어요. 여러분도 책이나 인터넷을 통해 궁금증을 해결한 적이 있는지 생각해 보세요.

스티븐 호킹은 이랬어.

스티븐 호킹은 책 읽기를 즐겼던 부모님 덕분에 자연스럽게 책에 익숙해졌어. 독서를 하며 호기심을 충족시켰고, 지식을 쌓아 갔지. 루게릭병에 걸려 스스로 책을 볼 수 없는 상태에서도 다른 사람들의 도움을 받아 책을 읽었을 정도야.

스티븐 호킹이 이렇게 독서에 집착했던 이유는 책 속에 또 다른 세계가 있다는 점 때문이야. 그가 연구했던 우주는 눈으로 직접 확인하기 어려운 미지의 세계지만, 책을 통해 우주를 간접적으로 체험하면서 새로운 지식을 얻을 수 있었지.

이렇게 독서는 지식과 즐거움만 주는 것이 아니라 생각의 범위를 넓혀 주고, 인지 능력을 향상시켜 줘.

너는 어땠어?

생각 쑥쑥

다음은 단어가 의미하는 색과 단어의 글자색이 다른 '색 읽기 판'이에요. 첫 번째 단어의 글자색은 무엇인지 괄호 안에 써 보세요.

빨강	노랑	초록	파랑
보라	초록	주황	노랑

(　　　　　　　　)

▶ 정답: 234쪽

STEP 2

인지 능력 높이기

두뇌는 자꾸 사용하고 훈련할수록 기능이 좋아집니다. 따라서 장기, 바둑, 관심 분야에 대한 공부 등과 같이 인지를 자극하고 훈련하는 두뇌 활동은 인지 능력을 높이는 데 도움이 됩니다. 이는 스티븐 호킹이 루게릭병에도 불구하고 책을 집필하고 많은 연구 성과를 거둘 수 있었던 이유이기도 합니다.

스티븐 호킹은 이렇게 노력했어.

스티븐은 호킹은 끊임없이 우주를 탐구했고 이것은 많은 연구 결과로 이어졌어.

그가 처음 연구한 것은 블랙홀이었어. 당시에는 아인슈타인의 일반 상대성 이론에 근거해 강한 중력을 지닌 블랙홀이 주변의 모든 물질을 빨아들인다고 알려져 있었지.

하지만 스티븐 호킹은 최고의 과학자였던 아인슈타인의 이론을 그대로 믿기보다는 자신이 관찰하고 인지한 것을 바탕으로 새로운 이론을 발표했어. 대표적인 것이 동료 물리학자인 로저 펜로즈와 함께 우주가 '특이점'에서 시작된다는 '특이점 정리'를 발표한 것이야. 특이점이란, 힘의 크기를 알 수 없는 강력한 공간으로, 어떤 물리 법칙도 성립되지 않는 영역을 의미해.

인지 능력을 높이기 위해서 어떤 노력을 할 수 있을까?

이것만은 꼭!

스티븐 호킹을 떠올려 봐. 스티븐 호킹의 호기심과 끝없는 연구 덕분에 인류는 우주 생성의 비밀에 한 걸음 다가설 수 있었고, 더불어 천체 물리학도 발전했어. 그는 어렸을 때부터 호기심 많은 소년이었어. 기계가 작동하는 원리를 알기 위해 주변의 기계를 직접 분해하기도 하고, 궁금한 것의 답을 찾기 위해 엄청나게 많은 책을 읽기도 했어. 궁금한 것이 있으며 관찰하고, 찾아보고, 이해하려고 노력해 봐. 그러다 보면 어느샌가 풀지 못했던 문제들이 저절로 해결되어 있을 거야.

자연을 사랑한 곤충의 시인

장 앙리 파브르

장 앙리 파브르는 프랑스 출신의 곤충학자입니다. 그가 쓴 《파브르 곤충기》는 곤충에 대한 기록은 물론 자신의 삶에 대한 이야기도 담겨 있어 지금도 널리 읽힙니다. 다음 이야기에는 어릴 때부터 자연과 문학을 사랑했던 파브르의 모습이 잘 드러납니다.

파브르는 주변 숲을 탐험하느라 시간이 어떻게 가는지도 몰랐어요.

와, 수정이다!

조개 같기도 하고, 염소 뿔 모양 같기도 해. 이런 게 어떻게 돌 속에 들어 있는 걸까? 집에 가져가야지.

자, 이제 집에 갈 시간이야.

오늘은 이만 놀고 내일 또 오자!

꽥

꽥

꽥

꽥

꽥

다녀왔습니다!

앙리, 뭘 하느라
이제 오는 거냐?

네, 오리들 먹이고
숲 구경도 좀 하느라고요.
할 일이 태산인데 여유롭게
숲 구경이나 했다고?

너란 아이는 어쩔 수 없구나.
집안일을 도울 생각은 않고, 쯧.
죄송해요,
아빠.

주머니에 들은 게
다 뭐냐, 앙리!

오리는 돌보지 않고 쓸데없는
돌이나 줍고 다닌 거냐?
…….

앙리, 주머니가 찢어지잖아!
풀은 토끼라도 먹일 수 있지만 저런
돌멩이는 아무런 쓸모가 없잖니.
옷도 없는데 주머니가 찢어지면
어떡하려고 그러니?

전 그냥, 돌이
신기해서…….

세상에!
그 벌레들은
또 뭐니?

다 쓸데없는
짓이야. 어서
갖다 버려라!

파브르는 대부분의 시간을 책을 보며 지냈어요. 파브르는 책 속에서 꿀벌, 매미, 비둘기, 까마귀, 염소 같은 친구들을 만날 수 있어 행복했습니다.

파브르는 문학을 사랑했어요. 어느 날 파브르는 서점에서 마음에 드는 시집을 발견하고 고민했어요.
BOOK
아, 저건!

파브르가 가진 돈으로는 한 끼 식사만 겨우 할 수 있어서 시집을 사면 대신 저녁을 굶어야 했기 때문이에요.
기다렸던 시집이네. 저걸 사면 돈이 남질 않을 텐데, 어쩌지?

그래, 오늘 저녁을 굶는 대신 시집을 사자!

어차피 배부르게 먹지도 못하는 걸 뭐. 시집을 사는 게 더 나아! 시집이 다 팔리고 나면 살 수 없을지도 몰라.
척 척 척

집안 형편 때문에 학교를 마치지 못했던 파브르에게 책을 읽는 건 커다란 즐거움이었어요. 이러한 노력으로 파브르는 훗날 《곤충기》를 쓸 수 있었어요.

장 앙리 파브르에 관한 다음 글을 읽고 물음에 답하세요.

프랑스의 곤충학자 장 앙리 파브르는 1823년 겨울, 프랑스 남부 생레옹의 작은 마을에서 태어났습니다. 파브르의 아버지는 남에게서 땅을 빌려 농사를 짓는 가난한 농부였어요. 파브르는 가난한 가정 형편 때문에 늘 부지런하고 성실하게 일해야 했지만, 가난은 훗날 파브르가 위대한 곤충학자가 되게 만든 힘이기도 했습니다.

어린 시절 파브르는 낮에는 목장을 돌아다니며 신나게 놀았고, 밤이면 할머니가 뜨개질하며 들려주는 옛날이야기에 푹 빠지곤 했습니다. 그중에서도 파브르가 가장 즐거워했던 것은 할아버지와 숲속에서 곤충들을 관찰하는 일이었습니다. 숲의 생물들은 파브르의 호기심을 부풀게 했고, 자연 속에서 맛보는 기쁨을 선물했지요. 파브르의 숲에 대한 관심과 곤충을 향한 사랑은 이 시기에 싹트기 시작했습니다.

파브르는 코르시카섬에서 중학교 물리 교사로 일했습니다. 그는 정성을 다해 학생들을 가르치고, 틈틈이 곤충을 연구하면서 보람을 느꼈습니다. 가끔 교실 밖으로 나가 동물이나 곤충을 관찰하는 수업을 하곤 했는데, 학생들은 물론 파브르 자신도 많은 것을 배울 수 있었습니다. 파브르는 이 시절 생물학자 모켕 탕동 교수를 만나게 됩니다. 파브르는 탕동 교수와 함께하며 무엇을 연구하든 새로운 것을 발견하는 즐거움이 바탕이 되어야 한다는 것을 깨달았습니다.

파브르는 큰 슬픔을 여러 번 겪기도 했습니다. 장관의 특혜를 받는다는 모함을 받고 학교에서 쫓겨나는 어처구니없는 일도 당했어요. 하지만 무엇보다도 그를 슬프게 한 일은 아들 쥘의 죽음이었습니다. 쥘은 파브르의 아들인 동시에 훌륭한 조력자였습니다. 파브르는 아들을 잃은 슬픔을 이기고 《곤충기》의 제1권을 완성합니다. 사랑하는 아들 쥘의 뜻을 따라 책을 완성하겠다는 다짐이 파브르를 다시 일으켜 세웠습니다.

파브르는 모두 10권의 《곤충기》를 남겼습니다. 이 《곤충기》 덕분에 '곤충의 시인'이라는 별명을 얻었지

요. 곤충의 생태를 있는 그대로 묘사하면서도 마치 한 편의 문학 작품처럼 아름답게 그려 냈기 때문입니다.

파브르는 곤충의 행동과 생활 방식을 끈기 있게 관찰하고 기록했습니다. 그는 자신만의 참신한 연구를 통해 기존 곤충학자들의 연구에서 잘못된 점을 발견하며 뛰어난 곤충학자로 명성을 얻게 됩니다.

평생 생명을 위한 연구, 진실을 위한 연구를 한 장 앙리 파브르는 자연과 곤충을 사랑한 학자로 영원히 기억될 것입니다.

1 **장 앙리 파브르의 직업은 무엇인가요?**

① 곤충학자
② 식물학자
③ 무용가
④ 정치인
⑤ 사진가

2 **장 앙리 파브르에 대한 설명으로 옳은 것은 무엇인가요?**

① '곤충의 마술사'라는 별명을 얻었다.
② 모두 10권의 《곤충기》를 남겼다.
③ 부유했지만 항상 성실하게 일했다.
④ 중학교에서 수학 교사로 일했다.
⑤ 곤충의 생태를 묘사하는 것에는 서툴렀다.

3 **장 앙리 파브르가 자신의 인생 목표를 달성할 수 있었던 이유로 알맞지 <u>않은</u> 것은 무엇인가요?**

① 가난의 힘
② 멘토와의 만남
③ 장관의 특혜
④ 호기심과 즐거움
⑤ 가족이라는 조력자

▶ 정답: 234쪽

Ⅱ. '나'와 장 앙리 파브르

STEP 1

인지 이해하기

인지는 어떤 사실을 인정하고 아는 것을 말합니다. 우리가 사물을 자세히 관찰하고, 한 대상과 다른 대상의 차이점을 구분할 수 있는 것도 인지 능력 덕분이지요. 곤충의 생태를 자세히 관찰하고 기록한 파브르처럼 여러분도 무언가를 유심히 관찰하면서 이해하려고 노력해 본 적이 있나요?

장 앙리 파브르는 이랬어.

파브르는 자연을 관찰하는 것을 좋아했어. 특히 곤충 관찰하기를 좋아했지. 파브르는 개미의 종류를 구분하고 개미의 생태를 연구하기도 했어.

개미들이 다 비슷비슷해 보여도 무려 12,000~14,000종이 존재한다고 해. 주로 땅속에 집을 짓고 사는데, 수십 마리부터 수백만 마리까지 모여 산대. 그리고 개미 사회에는 계급이 있어서 병정개미, 일개미, 수개미, 여왕개미들 각각 하는 일과 역할이 달라.

이 같은 내용은 모두 개미의 생태를 세심하게 관찰해야 인지할 수 있는 사실이야.

너는 어땠어?

생각 쑥쑥

오른쪽 그림을 보면서 옆에 쓰인 단어를 1분 동안 계속 소리 내어 읽어 보세요. 다른 생각이 떠올라도 무시하고 그림과 단어만 생각해요. 그런 다음, 1분 동안 딴생각을 하지 않고 집중했다면 ○, 아니면 ×로 괄호 안에 표시하세요.

오스트랄로피테쿠스

(　　　　　)

주의력 기르기

주의력이 높으면 하고자 하는 것에 선택적으로 집중할 수 있으므로 학습 효율이 높아져요. 불필요한 자극을 받아들일지 말지 결정할 수 있으므로 기억력도 좋아지지요. 파브르에게 주의력이 없었다면 곤충의 생태를 관찰하는 데 집중할 수 없었을 거예요. 여러분은 어떻게 집중하려고 노력하나요?

파브르는 곤충 관찰에 모든 주의력을 집중했어.

파브르는 어린 시절 숲속에서 할아버지와 곤충들을 관찰하는 것을 좋아했어. 배추흰나비의 예쁜 점박이 무늬 날개, 쇠똥구리가 열심히 쇠똥을 굴리는 모습을 보며 즐거워했지. 숲의 생물들이 파브르의 호기심을 자극했고, 자연 속에서 맛보는 기쁨이 무엇인지 알게 해주었지. 곤충을 향한 사랑도 이 시기에 시작된 거야.

파브르는 곤충의 작은 행동도 유심히 관찰했어. 그 행동이 무엇을 의미하는지, 어떤 상황에서 하는 행동인지를 알기 위해서 집중하고 또 집중해서 관찰했지. 관찰을 통해서 새로운 것을 발견할 때면 큰 즐거움을 느꼈고, 이것은 곤충 연구에 매진할 수 있는 원동력이 되었어.

어떤 일에 집중하려면 어떻게 노력해야 할까?

이것만은 꼭!

장 앙리 파브르를 떠올려 봐. 파브르는 《곤충기》에서 곤충의 어미들을 영웅 서사시로 노래했어. 이 책의 부제 '곤충의 본능과 습성에 관한 연구'처럼 파브르는 벌, 사마귀, 매미, 쇠똥구리, 거미, 전갈 등의 본능과 습성을 꼼꼼하게 관찰하고 기록했지. 네가 남들보다 훨씬 잘한다고 생각하는 일을 할 때조차도 항상 꼼꼼하게 다시 관찰하고 확인하는 습관이 필요해. 그러기 위해서는 사물이나 현상을 정확하게 인지하려는 노력이 반드시 필요해.

조선 최고의 과학자

장영실

장영실은 신분에 대한 차별을 딛고 궁중 기술자가 되어 수많은 발명품으로 조선의 과학 기술을 발전시켰습니다. 다음은 장영실이 관아의 노비였을 때의 일입니다.

이유유외 속이원장
(易輶攸畏 屬耳垣墻)이니라.

말을 쉽고
가볍게 하는 것은
군자가 두려워하는
바이니,

말을 할 때는 마치
다른 사람이 담에 귀를 대고
듣고 있다 생각하고
조심해야 한다.

어느덧, 영실은 무럭무럭 자라 아홉 살이 되었습니다.
글공부는 재미있어.

어머니를 깜짝 놀라게
해 줄까? 히히~
살금 살금

어? 옆집 아주머니가
와 계셨네.

내년이면 영실이가
관아의 노비로 떠나야
하겠구먼.
우리 영실이가 벌써…….
까마득히 잊고 있었어요.
노비가 글을 배워 봐야
무슨 소용이야.
떠날 때까지 실컷
놀게 해.

노비라도 글을 배워 두면
장차 큰 도움이 될 거예요.

뭐라고?
관아로 가야 한다니!
그럼 어머니랑은 헤어져야
하는 거야?

동래현 관아.
동래현

동래현의 관노가 된 영실은 잔심부름이나 마당 쓸기 같은 잡일부터 시작했습니다.
이것 좀 창고 안에 넣어 줄래?
후다닥
네!

앞마당 좀 깨끗하게 쓸어라.
네, 나리!

고 녀석, 나이도 제일 어린 게 부지런하구나.

안 그래도 심부름할 아이가 필요해서 말이지.

저같이 미천한 것이 그래도 되겠습니까?
허락해 주신다면, 열심히 하겠습니다.
다른 아이들은 일이 힘들다고 공방 근처에는 얼씬도 안 하는데 이렇게 좋아할 줄이야.

영실은 뛰어난 손재주로 곧 공방의 모든 물건을
수리하고 만들 수 있게 되었습니다.
영실아, 내 창끝이 빠졌는데 좀 고쳐 주겠니?
네!
나는 화살촉 좀 더 만들어 주라.
후유~ 바쁘다, 바빠!
영실이 손을 거치면 못 쓰는 무기도 새것처럼 변한다니까.
손재주가 보통이 아니야.
모두 영실이만 칭찬하잖아.
이럴 줄 알았으면 나도 기술이나 배워 둘걸.

CHAPTER 2
인지

전부 손봐 드릴 테니,
기다리세요.
웅성
웅성

무슨 일이라도
있는 것이냐?
바글
바글

모두 영실이에게 일을 맡기려
저리 줄을 서 있는 것입니다.
저놈의 실력이
대단하긴 한가 보구나.

어린 나이에 저렇게
총명하고 뛰어나다니,
노비만 아니었어도…….

I. 조목조목 인물 탐험

장영실에 관한 다음 글을 읽고 물음에 답하세요.

발명왕 하면 대부분 미국의 발명왕 에디슨을 떠올립니다. 하지만 우리나라에도 수많은 발명품을 만들어 낸 발명왕이 있습니다. 바로 장영실입니다.

장영실은 신분 차별이 심하던 조선 시대, 가장 낮은 계급인 천민으로 태어났습니다. 기계를 잘 다루고 손재주가 뛰어났던 그가 수차(물을 떠 올리는 기계)를 만들어 동래현의 가뭄을 해결하자 태종은 장영실을 궁궐로 불러들였고, 궁중 기술자의 신분으로 백성을 위해 일할 것을 명했습니다. 장영실은 왕의 명을 받고 얼떨떨했지만, 백성을 위해 일할 기회가 주어졌다는 생각에 기쁨을 감추지 못했어요. 이후 수많은 발명품으로 조선의 과학 기술을 발전시키며 역사에 이름을 남겼습니다.

장영실은 궁궐에 들어온 후 뛰어난 재주를 이용해 조금도 쉬지 않고 밤낮으로 열심히 일했습니다. 장영실의 열정을 높이 산 세종은 장영실을 포함한 과학자들을 명나라로 보내 천문학책을 사 오도록 명하며, 장영실이 다른 학자들과 1년간 명나라에서 공부할 기회를 주었습니다.

장영실이 많은 발명품을 세상에 내놓을 수 있었던 것은 백성을 사랑하는 마음 때문이었습니다. 관노 시절에는 백성들이 농기구를 조금 더 편리하게 이용할 수 있도록 하는 데 그쳤지만, 세종의 전폭적인 지원을 받게 되면서 천문 관측기구인 간의대·혼천의·규표 등을 만들었습니다. 이런 기구들 덕에 우리나라의 독자적인 천문 관측이 더 쉬워졌고 정확한 절기와 시간을 알 수 있게 되어 농업 생산성이 한층 높아졌습니다.

장영실은 사소한 것도 그냥 지나치지 않고 주의 깊게 관찰했습니다. 한번은 장독에 빗물이 고이는 것을 보고 '그릇에 빗물을 받아서 빗물의

비의 양을 잴 수 있는 측우기

조선의 대표적인 해시계인 앙부일구

양을 측정하면 되지 않을까?'라는 생각을 했었는데, 이것이 바로 측우기를 발명하게 된 계기입니다. 이 밖에도 물시계 자격루와 해시계 앙부일구를 만들었고, 갑인자 등의 혁신적인 금속 활자를 만들어 인쇄술의 발달을 도모했습니다.

장영실은 자신의 기술과 능력만으로 신분의 한계를 극복하고 정삼품 상호군의 벼슬까지 올랐습니다. 어려운 환경에서도 끝까지 포기하지 않고 백성이 잘사는 나라, 행복한 나라를 만들겠다는 자신의 꿈을 실현하기 위해 노력한 덕분이죠. 그가 남긴 업적은 빛나는 과학 문화유산으로 우리 민족의 자긍심을 높여 주었으며, 지금도 그는 조선 최고의 과학자이자 공학자로 우리 가슴속에 깊이 남아 있습니다.

1 **장영실의 직업은 무엇인가요?**

① 화가
② 무용가
③ 정치인
④ 법조인
⑤ 발명가

2 **장영실에 대한 설명으로 옳은 것은 무엇인가요?**

① 중인의 아들로 태어났다.
② 수차를 만들어 홍수를 해결했다.
③ 천문관측 기구는 만들지 못했다.
④ 목판 인쇄술을 익혀 발전시켰다.
⑤ 정삼품 상호군의 벼슬까지 올랐다.

3 **장영실이 자신의 인생 목표를 달성할 수 있었던 이유로 알맞지 않은 것은 무엇인가요?**

① 항상 자신을 먼저 생각하는 마음
② 뛰어난 손재주
③ 발명에 대한 열정
④ 백성을 사랑하는 마음
⑤ 사소한 것도 지나치지 않는 관찰력

▶ 정답: 234쪽

II. '나'와 장영실

STEP 1 인지 이해하기

앞에서 인지란 어떤 사실을 인정하고 아는 것이라고 했죠. 주위의 사물이나 현상을 자세히 관찰하고 그 특징을 이해하면 그것을 이용하여 다른 것을 만들어 낼 수도 있습니다. 장영실이 빗물 고인 장독대에서 측우기에 대한 아이디어를 얻었듯이 여러분도 사물의 특징을 이해해서 자신만의 도구를 만들거나 전혀 다른 용도로 사용해 본 적이 있나요?

장영실은 이랬어.

비가 부슬부슬 내리는 어느 오후였어. 장영실은 '지금 내리는 비의 양을 정확히 알 방법이 없을까?' 라고 생각하며 장독대 위로 떨어지는 비를 바라보고 있었어. 바로 그때, 장독에 빗물이 고이는 것을 본 장영실은 '그릇에 빗물을 받아서 빗물의 양을 측정하면 되지 않을까?'라는 생각이 들었어. 그는 이 생각을 세종에게 알렸고, 세종은 당장 그 기구를 만들라고 명했지. 한참 동안 연구에 몰두하던 장영실은 드디어 깊이가 약 30cm, 지름이 약 14cm인 측우기를 발명했어.

장영실의 측우기는 기존에 호미나 보습(삽 모양의 연장)으로 땅을 파서 빗물이 스며든 양을 어림짐작해 강우량을 측정했던 방식에서 벗어난, 세계 최초의 강우량 관측기구였어.

너는 어땠어?

생각 쑥쑥

아래 그림을 30초 동안 본 다음, 그림을 가리고 문제를 풀어 보세요.

그림을 떠올리며 그림 속 물건이 아닌 것을 골라 보세요.

① 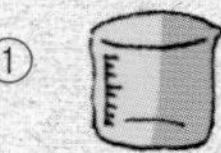

② 

③ 

④ 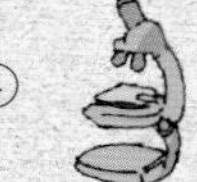

▶ 정답: 234쪽

STEP 2

집중력 기르기

집중력이 높으면 오랫동안 학습에 몰두할 수 있고, 주변 자극이나 불규칙한 환경 요소들에 방해받지 않을 수 있어요. 또한, 어떤 일을 할 때 나를 자극하는 여러 요소들 중에서 필요한 것에만 반응할 수도 있답니다.

장영실은 궁궐에 들어간 후에 발명에 더욱 집중했어.

장영실은 궁궐에서 일하게 된 이후에도 더욱 집중하여 조금도 쉬지 않고 밤낮으로 열심히 일했어. 주변 사람들이 쉬어 가면서 일하라고 해도, "제가 이 자리에서 일을 할 수 있다는 것 자체가 기적입니다. 어떻게 쉴 수 있겠습니까?"라고 말했지. 그러한 집중력을 높이 산 세종은 장영실을 포함한 과학자들을 명나라로 보내 천문학 책을 사 오게 했어. 장영실이 다른 학자들과 명나라에서 공부할 기회를 준 것이지.

세종은 장영실이 명나라에서 돌아오자마자 노비의 신분에서 벗어나게 해주고 상의원(왕의 의복과 궁중에서 사용하는 물품을 담당하는 기관) 별좌의 벼슬을 내렸어. 이에 장영실은 왕의 은혜에 보답하고자 더욱 발명에 집중하여 많은 기구를 만들어 냈어.

너는 집중력을 기르기 위해서 어떻게 노력할 거야?

이것만은 꼭!

장열실을 떠올려 봐. 장영실은 궁궐에 있는 30여 년 동안 자신의 재능을 최대한 쏟아부었고, 무슨 일을 하든 집중했어. 그 덕분에 조선만의 천문 측정기구인 혼천의를 비롯하여 독자적인 물시계 자격루와 해시계 앙부일구를 만들었어. 또, 갑인자 같은 혁신적인 금속 활자도 만들었지. '구슬이 서 말이라도 꿰어야 보배'라는 말처럼 좋은 재능이 있어도 집중하여 노력하지 않으면 의미가 없어. 해야 할 일이 있다면 '당장', 그리고 '집중해서' 시작해 봐!

CHAPTER
3
몰 입

11강. 이순신

12강. 윈스턴 처칠

13강. 빈센트 반 고흐

14강. 알프레드 노벨

15강. 마리 퀴리

16강. 정약용

나라를 지킨 성웅

이순신

이순신 장군은 죽는 순간까지도 오직 나라와 백성을 생각했던 우리 민족의 영원한 영웅입니다. 다음은 어린 시절부터 무술 훈련과 전쟁놀이에 관심이 많았던 이순신이 문인 집안 출신임에도 불구하고 결국 무관이 되기까지의 이야기입니다.

어린 시절 이순신은 친구들과 전쟁놀이를 즐겼어요.

좋아!
그렇다면 우리는
여기서 숨어
있다가…….

어허, 길을 막고
뭘 하고 있는 게냐!

원님 행차시다!
썩 물러서거라!

저희는 이것이 진짜 전쟁이라 생각하며 임하고 있습니다.

아, 이놈이 그래도…….

그러니 나리께서도 저희의 뜻을 존중해 주시기 바랍니다.

아니다. 우리가 돌아가는 것이 옳을 것 같구나.

네?

이 아이의 말이
옳지 않느냐?
진지는 함부로
무너뜨리는 것이
아니다.

아, 알겠습니다.

얘야,
네 이름이 무엇이냐?

이순신이라고
하옵니다.
이순신이라…….
그래, 네 말이 옳다.
조선처럼 외적의 침입이 빈번한
나라엔 철통같은 방어를 할
무인이 많아야 한다.

너와 같은
정신을 가진 무인들이 많아진다면
우리 조선의 미래는 든든할 게야.
지금과 같은 마음으로 바르게 자라
나라를 지키는 훌륭한 무인이
되어 다오.

이순신은 나이가 들면서
더 이상 전쟁놀이를 하진 않았지만,
활쏘기와 말타기 등 무예 단련은
멈추지 않았습니다.
또한, 다양한 병법서를 찾아
읽으며 전략과 전술에 관한 연구도
소홀히 하지 않았습니다.

이순신은 문인 집안 출신임에도 불구하고
무관이 되기로 결심했습니다.
문관은 존경받지만
무관은 그 정도로 인정받지 못한다.
공부도 잘하는 네가
꼭 무관을 해야겠니?

집안을 생각하면
아쉬운 마음이 크나,
네 결정을 존중하겠다.
감사합니다.
아버지, 어머니께서
자랑스러워하실 만한
무관이 되겠습니다.

평생 문과 시험에 대비한 공부만 해 왔던 이순신은 무과 시험을 위해 몇 년을 다시 준비했습니다.

무관이 될 자격을 충분히 갖춘 후 시험에 응시하기 위해서였습니다.

무관이 되기로 결심한 이상 보다 철저한 준비가 필요하다!
남들보다 늦게 결정한 만큼, 남들보다 몇 배는 더 열심히 해야 한다!

이번이 마지막 기회이다.
이것도 성공하지 못한다면
나라를 지킬 수도 없을 것이다.

하지만 시험 도중 말에서 떨어져 첫 번째 무과 시험에서 합격하지 못하고, 4년을 준비해 다시 무과에 응시합니다.

오랫동안 준비를 한 끝에 이순신은 다시 과거를 치렀습니다.

아,
드디어……!

1576년(선조 9년), 결국 이순신은 서른두 살의 나이로 무과 시험에 합격했습니다.

I. 조목조목 인물 탐험

이순신에 관한 다음 글을 읽고 물음에 답하세요.

왜군의 침략으로부터 우리 민족을 지켜 낸 영웅이자, 뛰어난 전략으로 여러 전쟁에서 승리를 이끌어 낸 훌륭한 장군으로 널리 알려진 이순신은 1545년(명종 즉위 년)에 덕수 이씨 가문에서 태어났습니다. 대대로 문인을 배출한 집안이었기에 이순신 역시 문과 시험을 준비했지만, 혼인 후 마음을 바꿔 무과를 치르기로 했지요. 그리고 자신의 목표를 향해 최선을 다했습니다.

이순신은 서른두 살의 늦은 나이에 무과에 급제한 후 관직 생활을 시작했습니다. 하지만 강직한 성품 탓에 관직 생활은 평탄하지 않았어요. 상관의 지시일지라도 원칙에서 벗어나거나 자신의 양심을 거스르는 일이라면 절대 하지 않았고, 심지어는 집안사람인 율곡 이이조차도 만나지 않았습니다. 당시 이이는 인사권을 담당하는 이조 판서였는데, 이 때문에 혹시라도 다른 사람으로부터 불필요한 오해라도 사지 않을까 염려했던 탓이었습니다. 이렇듯 원칙을 중요시하고 올곧았던 이순신은 바로 그 점 때문에 상관들로부터 잦은 모함과 미움을 받기도 했습니다.

이순신은 1591년, 선조 24년에 전라도의 수군을 총괄하는 전라 좌수사로 임명되었습니다. 전라 좌수사가 된 후에는 왜군의 침략에 대비해 병력을 충원하고 군사 훈련을 실시했어요. 또한, 전쟁에 타고 나갈 배를 건조했고, 화포와 대포 등을 만들어 전쟁에 대비했지요. 일 년 뒤 1592년에 임진왜란이 발발하자, 이미 준비를 해왔던 이순신은 수군으로서 처음으로 출전해 옥포, 합포, 적진포에서 승리를 거두었습니다. 이순신은 이어진 크고 작은 전쟁에서 승리를 거둔 공로를 인정받아 충청도, 전라도, 경상도의 수군을 지휘하는 삼도 수군통제사에 임명되었습니다.

그 후 1597년, 선조 30년에 벌어진 왜군과의 해전에서는 12척의 배와 턱없이 부족한 병력에도 불구하고 이순신은 끝까지 포기하지 않았고, 결국 승리를 이끌어 냈습니다. 1598년, 선조 31년, 이순신이 이

끄는 조선 수군은 6년 7개월 동안의 전쟁이 끝나면서 일본으로 돌아가려는 왜군들을 상대로 마지막 해전을 벌이게 되었어요. 이 전투는 조선의 승리로 끝났지만, 이순신은 왜군의 총탄에 맞아 전사하고 말았습니다. 이순신은 죽는 순간까지도 군사들의 사기가 떨어질까 염려하여 "전쟁이 끝날 때까지 나의 죽음을 알리지 말라"라는 유언을 남겼습니다. 어떤 어려움에도 굴복하지 않았을 뿐만 아니라, 심지어 죽음 앞에서도 오직 나라와 백성을 생각했던 이순신 장군을 우리는 영원히 기억해야 할 것입니다.

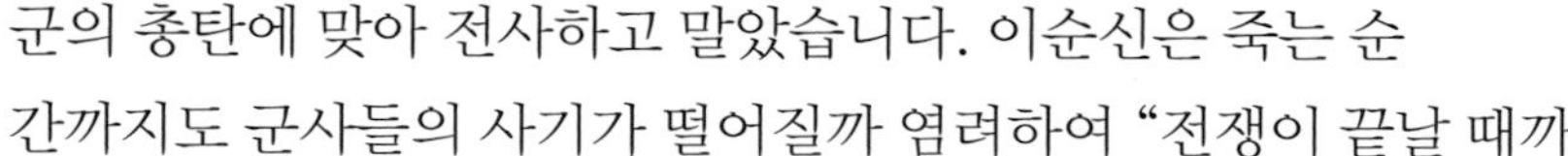

1 **이순신이 목표로 정한 것은 무엇인가요?**

① 문과와 무과에 모두 합격하겠다.
② 문과에 합격하여 어진 정치를 하겠다.
③ 문과에서 관직을 얻어 적의 침략을 막겠다.
④ 벼슬이나 명예에 뜻을 두지 않고 청렴하게 살겠다.
⑤ 무과에 합격하여 나라를 지키겠다.

2 **이순신에 관한 설명으로 옳은 것은 무엇인가요?**

① 평생 관직에 몸담지 않았다.
② 집안사람인 율곡 이이와 가깝게 지냈다.
③ 원칙을 벗어난 행동을 하는 상관을 처벌했다.
④ 전라도 수군을 총괄하는 전라 좌수사로 활약했다.
⑤ 양심을 중시하고 바른 몸가짐으로 상관들의 사랑을 받았다.

3 **자신의 꿈을 향해 몰입했던 이순신이 겪은 시련으로 알맞지 <u>않은</u> 것은 무엇인가요?**

① 잦은 모함과 미움을 받았다.
② 왜군의 침략에 대비해 병력을 갖추고 군사 훈련을 실시했다.
③ 서른두 살의 늦은 나이에 겨우 무과에 급제할 수 있었다.
④ 전쟁에 참여할 배와 병력이 무척 부족했다.
⑤ 왜군의 총탄에 맞아 전사했다.

▶ 정답: 235쪽

Ⅱ. '나'와 이순신

STEP 1 몰입 이해하기

몰입은 어떤 일을 할 때 긴 시간이 한순간처럼 짧게 느껴질 정도로 그것에 완전히 빠져드는 상태를 가리킵니다. 이순신이 문무를 갖춘 무관이 되는 데 몰입하여 결국 훌륭한 장군이 되었던 것처럼 여러분도 어떤 일에 완전히 빠져든 적이 있는지 생각해 보세요.

이순신은 이랬어.

이순신은 어릴 때부터 무술 훈련에 관심이 많았고 친구들과도 전쟁놀이를 즐겼어. 해가 저물도록 친구들과 모여 전략과 전술을 짜며 놀았는데 그때마다 대장 노릇을 했지.

관직에 나아갈 나이가 되자 문인 집안 출신임에도 불구하고 무관이 되기 위해 무과에 응시했어. 비록 말에서 떨어지는 바람에 단번에 합격하지는 못했지만 포기하지 않고 실력을 쌓는 데 몰입하여 결국 무과 시험에 합격했고, 훌륭한 장군이 되었지.

너는 어땠어?

STEP 2 몰입 연습하기

몰입하면 불필요한 생각이나 주위의 방해 없이 원하는 한 가지에 집중할 수 있으므로 목표를 달성하게 될 가능성이 커집니다. 여러분이 몰입을 통해 이루고 싶은 목표를 생각해 보세요.

이순신은 나라를 지키는 데 몰입했어.

이순신 장군은 거북선과 화포, 대포 등을 만들어 조선 수군의 전력을 키우는 일에 몰입하여 왜적의 침략으로부터 나라를 지켜냈어.

너는 무엇을 위해 몰입할 거야?

나는 ( )에
몰입하여 실력을 높이고 싶어.

STEP 3

몰입할 때 주의할 것

이순신은 무관이 되어 나라를 지키겠다는 목표를 이루었지만, 그 과정에서 수많은 몰입 방해 요소들 때문에 어려움을 겪어야 했어요. 이처럼 몰입을 할 때는 여러 가지 방해 요소를 극복하는 것이 중요해요. 여러분이 어떤 일을 할 때 몰입을 방해하는 것들에는 무엇이 있는지 생각해 보세요.

이순신은 수많은 몰입 방해 요소들을 이겨냈어.

- 어려운 집안 사정
- 올곧은 태도를 못마땅하게 여긴 상관들
- 이순신의 인기에 대한 왕의 질투
- 실수로 인한 무과 시험 낙방
- 오해로 인한 관직의 박탈과 귀양살이
- 자신을 따르던 충직한 신하의 죽음
- 열악한 군사 인력과 턱없이 부족한 배와 무기

이 모든 것들이 방해 요소였지만, 이순신은 자신이 바라는 일에 집중하고 노력하고 끊임없이 애쓴 결과 조선을 당당하게 지키겠다는 자신의 꿈을 이루어 냈어.

너의 몰입을 방해하는 것들은 뭐야?

이것만은 꼭!

이순신 장군을 떠올려 봐.
몰입을 방해하는 것은 아주 많고 종류도 다양해.
하지만 명확한 목표를 갖고 끊임없이 노력하고
집중한다면 몰입을 방해하는 요소들을 반드시
극복하고 원하는 바를 이룰 수 있을 거야.

2차 대전을 승리로 이끈 지도자

윈스턴 처칠

영국의 군인이자 정치가인 윈스턴 처칠은 끈질긴 집념으로 유럽 대륙을 나치로부터 지켜 내고 결국 수상 자리에까지 올랐습니다. 처칠은 어린 시절 말을 심하게 더듬었지만 인내와 끈기를 갖고 노력한 끝에 말 더듬는 버릇을 고칠 수 있었어요.

다음은 누가 읽을 차례지?

……

어린 시절 처칠은 말을 더듬었고 발음도 분명하지 않았습니다.

윈스턴 처칠!

특히 책을 읽을 때면 처칠은 더 심하게 말을 더듬었습니다.
지, 진홍빛 때,때, 태양이…….
풋!

푸하하하!
때양이래, 때양!

!

윈스턴은 말더듬이래요!
책도 못 읽는 바보!

쳇!
말을 더듬었다고
내가 바보야?
두고 봐!
두 번 다시
말더듬이라는 소리
못 하게 해 줄 테다!
처칠은 발음을 정확하게 내기 위해
거울을 보며 책을 또박또박 큰 소리로
읽었습니다.
이슬 젖은 아, 아침에 자, 작펼,
아니 작별하였는데.
장, 장밋빛, 뺨, 뺨의
아도니스는 사, 사냥에
나간다.
어, 벌써 시간이
이렇게 됐나?

포기할 줄 모르는 처칠의 인내와 끈기는
결국 빛을 발했습니다.
다음은 윈스턴 처칠 군이
고대 로마의 노래를
암송하겠습니다.

킥킥.
볼만할 거야.
더듬더듬
이상한 발음으로 말하면
진짜 웃기겠지.

조국을 위해 죽는 것은
달콤하고 영광스럽다.
H

죽음은
달아나는
사람조차
쫓아가고,

아니?

연습 좀 했나 보군.
하지만 첫 부분이라
그런 걸 거야.
맞아.
이제 재미있어질 거야.
신나게 비웃어 주자고!

얼빠진 젊은이의 무릎과
겁에 질린 등에 인정을
베풀지 않는다.

뭐야?
왜 안 더듬지?

믿을 수가
없어!
완벽한
발음이야.

……녹슬지 않는 명예로 빛난다.
와아, 최고다!
진짜 다 외웠어!
대단해!

I. 조목조목 인물 탐험

윈스턴 처칠에 관한 다음 글을 읽고 물음에 답하세요.

윈스턴 처칠은 1874년 영국에서 태어났습니다. 좋은 가문에 부유한 환경이었지만 바쁜 부모님 탓에 외롭게 자랐습니다. 어린 시절 처칠은 장난꾸러기였고, 말을 더듬는 습관에 성적까지 좋지 않아 부모님의 근심거리였습니다. 나중에는 끈질긴 노력 끝에 말 더듬는 버릇을 고치고, 열심히 공부해서 군인이 되겠다는 목표도 세우지만 육군 사관 학교 시험에도 두 번이나 떨어집니다. 하지만 끈질긴 집념과 일단 무언가에 관심이 생기면 밤낮을 가리지 않고 몰입하는 열정으로 마침내 꿈을 이루었습니다.

처칠은 샌드허스트 육군 사관 학교를 졸업한 뒤 〈모닝포스트〉 신문의 종군 기자로 보어 전쟁에 참가했습니다. 처칠은 위험한 전쟁 현장에 뛰어들어 현장 상황을 생생하게 보도했는데, 이때 쓴 기사들이 많은 사람들의 인기를 얻었지요. 심지어 보어군에게 포로로 잡혔다가 가까스로 탈출에 성공하기도 합니다. 당시 전쟁으로 침체에 빠져 있던 영국 국민은 처칠의 탈출 소식을 듣고 희망을 되찾았으며 이 일로 처칠은 국민적 영웅이 되었습니다.

전쟁의 끔찍함을 몸소 겪은 처칠은 신념 있는 정치가가 되어 사람들을 돕기로 결심하고 1899년 처음으로 선거에 출마했으나 패하고 맙니다. 이후 처칠은 밤낮으로 연설 연습을 했습니다. 공식 연설을 앞두고 있을 때는 더욱 열심히 연습했습니다. 친구나 가족들 앞에서는 물론, 혼자 산책 중에도 연습하며 연설문을 암기했지요. 결국, 선거에 승리하여 스물다섯 살의 젊은 나이에 하원 의원이 되었고, 그의 뛰어난 연설은 전 세계적으로 널리 알려질 정도로 많은 사람들에게 감동을 주었습니다.

처칠은 2차 세계 대전 중에 영국의 수상 자리에 오르게 됩니다. 수상이 된 지 몇 달이 채 되지 않았을 때 독일군이 런던을 습격하여 도시가 파괴된 적이 있었는데, 이 때문에 셀 수 없이 많은 사람이 죽거나 다쳤습니다. 이어지는 독일군의 공습에 전쟁과는 아무 상관도 없는 시민들이 언

제 죽을지 모른다는 두려움에 떨어야 했습니다. 이 상황에서 처칠의 연설은 영국 국민에게 큰 희망과 용기를 불어넣어 주었습니다. 처칠은 연설에서 현재 영국의 전투력이 부족하다는 것을 솔직하게 알리고, 앞으로도 큰 희생이 계속될 것이라고 냉정하게 이야기했습니다. 하지만 역사적으로 영국이 외세의 큰 위협에 맞서 이겨 냈던 경험이 있었음을 강조하여 전 국민의 사기를 북돋았어요.

결국, 영국인들은 독일에 끝까지 저항하며 연합군의 든든한 기반이 되었고, 제2차 세계 대전을 승리로 이끌 수 있었습니다. 그 후 처칠은 집필 활동에 몰두했고, 1953년 자신의 저서 《제2차 세계 대전》으로 노벨문학상을 수상했습니다.

1 **윈스턴 처칠의 직업으로 알맞지 않은 것은 무엇인가요?**

① 정치가
② 교사
③ 종군 기자
④ 작가
⑤ 연설가

2 **윈스턴 처칠의 어린 시절에 대한 내용으로 알맞은 것은 무엇인가요?**

① 총명하여 모든 사람의 사랑을 받았다.
② 부모님의 지극한 보살핌이 있었다.
③ 할머니의 정성 어린 돌봄으로 자랐다.
④ 말을 더듬어 놀림거리가 되었다.
⑤ 폭력적이고 말썽꾸러기였다.

3 **윈스턴 처칠이 겪은 일로 알맞은 것은 무엇인가요?**

① 강제로 종군 기자에 뽑히게 되었다.
② 끊임없이 연설 연습을 했다.
③ 멋진 연설로 독일군의 승리에 기여했다.
④ 전 세계적으로 유명한 연설가들을 찾아가 연설법을 터득했다.
⑤ 언제 죽을지 모른다는 두려움에 시달렸다.

▶ 정답: 235쪽

Ⅱ. '나'와 윈스턴 처칠

STEP 1

몰입 이해하기

윈스턴 처칠은 자신이 바라고 관심 있는 일에 끊임없이 몰입하고 노력했습니다. 여러분도 무언가를 얻거나 하고 싶을 때 완전히 깊게 빠져든 적이 있는지 생각해 보세요.

윈스턴 처칠은 이랬어.

처칠은 모든 순간 자신이 하고자 하는 일에 몰입하고 최선을 다했어. 제1차 세계 대전 당시에 처칠은 프랑스 전선에 함대를 투입하는 작전을 세웠지만 실패하고 말았어. 사람들은 처칠의 무모함을 비판했지. 하지만 처칠은 좌절하거나 포기하지 않았어. 오히려 더욱 열정적으로 노력했어. 이어 제2차 세계 대전이 발발하자 처칠은 해군 본부에서 작전을 지휘했는데 당시 예순이 넘은 나이였는데도 매일 밤늦게까지 시간 가는 줄 모르고 일했어. 결국 처칠은 영국 함대를 당장이라도 독일과 맞설 수 있을 만큼 무장시켰고 그의 열정에 모든 국민이 크게 감동했어.

너는 어땠어?

STEP 2

몰입 연습하기

윈스턴 처칠은 부족한 점을 고치기 위해서 많은 시간을 몰입했고, 그 결과 훌륭한 정치가이자 연설가가 되었습니다. 여러분은 무엇에 몰입하여 더욱 잘 해내고 싶은가요?

윈스턴 처칠은 발음 연습에 몰입했어.

윈스턴 처칠은 어린 시절 말을 더듬고 발음이 분명하지 않아서 친구들에게 놀림을 받곤 했어. 그래서 정확하게 말하기 위해 거울을 보며 책을 큰 소리로 또박또박 읽는 연습을 했어. 어떤 날은 온종일 시간 가는 줄도 모른 채 연습했어. 이 같은 노력으로 처칠은 말 더듬는 버릇을 고쳤을 뿐만 아니라 후에 뛰어난 연설가로 인정받았어.

너는 무엇에 몰입하고 싶어?

(   )에

몰입해서 더욱 잘 해내고 싶어.

좋은 몰입과 나쁜 몰입

몰입에는 좋은 몰입과 나쁜 몰입이 있어요. 좋은 몰입은 학습이나 운동 같은 나의 꿈과 미래에 도움이 되는 몰입이에요. 나쁜 몰입은 나의 미래를 방해하거나 불필요한 몰입으로, 시간을 낭비하게 되고 학업 성적이 떨어지는 등 안 좋은 영향을 줄 수 있어요.

CHAPTER 3 몰입

- 다음 상황이 좋은 몰입인지 나쁜 몰입인지 구분해 보세요.

평소에 시간 가는 줄 모를 정도로 온라인 게임을 즐겨요. 그래서 학교 숙제를 깜빡하기도 해요.	배드민턴을 할 때 매우 집중하곤 해요. 배드민턴을 하고 나면 옷이 땀에 흠뻑 젖어 있을 정도예요. 배드민턴 선수가 되기 위해 열심히 연습하고 있어요.
(좋은 / 나쁜) 몰입이에요.	(좋은 / 나쁜) 몰입이에요.

이것만은 꼭!

윈스턴 처칠을 떠올려 봐. 윈스턴 처칠은 말을 더듬어서 놀림을 받았고, 부모님의 관심과 보살핌도 부족했던 탓에 어린 시절을 외롭고 슬프게 보냈어. 어른이 되어서도 수많은 실패를 경험했지. 하지만 굳은 의지와 노력으로 모든 어려움을 이겨 내고 원하는 바를 이루는 데 몰입한 끝에 위대한 정치가가 되어 많은 사람에게 감동을 주는 최고의 연설을 남겼지. 네 관심을 끄는 것이나 네 실력이 부족하다고 생각하는 부분이 있다면 최선을 다해 너의 시간과 노력을 몰입해 봐!

영혼을 불태운 예술가

빈센트 반 고흐

고흐는 고작 10년밖에 붓을 잡지 못했지만, 그림 그리는 일에 몰입하여 수많은 명작을 탄생시켰고, 오늘날 미술사에서 정열의 화가, 영혼을 불태운 예술가로 평가받고 있습니다. 다음은 그림에 대한 고흐의 열정을 보여주는 일화입니다.

빈센트도 밀레처럼 일상의 소중함을 담은 그림을 그리고 싶었습니다. 가난한 농부 가족의 식사 시간을 그린 <감자 먹는 사람들>은 그런 빈센트의 소망을 향해 한 걸음 나아간 소중한 그림이었습니다.

빈센트는 화랑에서 일하는 동생 테오에게 〈감자 먹는 사람들〉을 보냈습니다. 빈센트는 공들여 그린 이번 작품은 틀림없이 비싼 가격에 팔릴 것이라 기대하고 있었습니다.

그림으로 표현하고자 하는 것이 뚜렷했던 빈센트는 다른 사람들의 이야기에 신경 쓰지 않겠다고 마음먹었습니다. 그렇지만 그림에 쏟아지는 나쁜 평가는 상처가 되었습니다.

빈센트는 그림 공부를 좀 더 하기 위해 벨기에의 안트베르펜으로 갔습니다. 그리고 그곳에서 예술 학원에 등록하여 그림 공부를 시작했습니다.

하지만 그곳에서의 미술 역시 빈센트에게 맞지 않았습니다.
빈센트는 안트베르펜을 떠나 테오가 일하는 파리로 갔습니다.
형, 파리에 계속 있을 거지? 우리 집으로 가자. 나와 함께 살아.
그래도 될까?

당연하지.

고맙다, 테오. 너밖에 없어. 이 신세는 꼭 갚으마.

넓진 않지만 우리 둘이 지내기엔 충분해. 형은 이쪽 방을 써.
이 무렵부터 빈센트는 인상주의 화풍에 관심을 갖게 됩니다.

빈센트는 파리에서 2년을 살았습니다.
그리고 그 2년 동안 200여 점의 그림을 그렸습니다. 쉬지 않고 그림만 그렸다고 해도 과언이 아닙니다.

형, 그림은 잘 그려져?

봐, 일주일 동안 이만큼이나 그렸어.

하하, 형.
하여간 대단해.
그런데 어째 그림이 좀
달라진 것 같아.

달라지다니?

글쎄……. 색감이
밝아졌다고 할까?

아, 인상주의 화가들을
만나면서 나도 자연과 빛을
그리고 싶어졌거든.
그래서 시도해 본 건데.
괜찮니?
응, 좋아!
아름다워.

I. 조목조목 인물 탐험

빈센트 반 고흐에 관한 다음 글을 읽고 물음에 답하세요.

1889년에 그려진 반 고흐의 자화상

빈센트 반 고흐는 1853년 네덜란드에서 가난한 목사의 아들로 태어났습니다. 조금 늦은 나이인 스물일곱 살에 화가로서의 삶을 시작한 고흐는 고작 10년밖에 붓을 잡지 못했지만, 수많은 명작을 탄생시켰지요. 그는 항상 부족한 생활을 해야 했지만 자기 그림에 대한 열정만은 잃지 않았습니다.

고흐는 살면서 많은 시련을 겪었습니다. 현재는 미술사에서 중요한 부분을 차지하는 화가 중 한 명이지만, 생전에는 화가로서 화려한 삶을 살지 못했습니다. 그는 평생 단 한 점의 그림밖에 팔지 못했거든요. 이렇게 고흐는 살아 있을 때 제대로 인정받지 못한 화가였습니다. 하지만 동생 테오가 이런 고흐의 삶에 든든한 버팀목이 되어 주었습니다.

고흐는 열여섯 살에 그림을 파는 화상으로 일하면서 미술과 인연을 맺었습니다. 화랑에서 다양한 그림을 보면서 그림을 보는 자신만의 관점을 만들어 갔지요. 그러다 첫사랑의 아픔을 겪고 실의에 빠지게 되는데, 이 일을 계기로 고흐는 목회자의 길을 꿈꾸게 됩니다. 그러면서 그는 자신이 가진 것을 가난한 이에게 베풀며 따뜻한 마음을 실천했지요. 하지만 권위만 내세우는 교회의 횡포로 목회자의 꿈마저 꺾이고 맙니다. 그 후 고흐는 화가의 길을 선택합니다.

이때 프랑스의 사실주의 화가 밀레가 고흐에게 큰 영향을 미쳤습니다. 고흐의 〈감자 먹는 사람들〉은 소소한 일상의 소중함을 화폭에 담은 밀레의 화풍에서 영향을 받아 그린 그림이지요. 고흐는 밀레의 〈씨 뿌리는 사람〉, 〈첫 걸음마〉, 〈낮잠〉 등을 특히 인상 깊게 보았는데, 그중에서도 〈씨 뿌리는 사람〉을 모방한 그림을 그리기도 했습니다. 그러나 고흐는 밀레의 그림을 모방하는 데에만 그치지 않았습니다. 자신만의 시선으로 재해석하여, 독특하고 자유로운 붓질로 새로운 그림을 그려 냈습니다. 고흐는 모방을 창작을 위한 디딤돌로 삼았던 거지요. 고흐에게서 참된 예술가의 정신을 엿볼 수 있는 부분입니다.

고흐는 화가 고갱과는 서로를 존경하는 친구이자 라이벌이었습니다. 고갱과의 분쟁 중 거친 말을 이겨 내지 못해 자신의 귀를 스스로 자르고 정신병원에 입원하기도 했습니다. 하지만 그는 정신병원에서도 열정을 다해 작품에 몰두하여 수많은 그림을 쏟아 내었지요.

겉으로 드러난 그의 삶은 고난의 연속이었지만, 오늘날 고흐는 가장 유명하고 영향력 있는 화가가 되었답니다.

1 **빈센트 반 고흐의 직업은 무엇인가요?**

① 의사
② 화가
③ 목사
④ 정치가
⑤ 발명가

2 **빈센트 반 고흐에 대한 설명으로 옳은 것은 무엇인가요?**

① 생전에 그림을 한 점밖에 팔지 못했다.
② 동생과 사이가 좋지 않았다.
③ 부유한 귀족 집안에서 태어났다.
④ 첫사랑과 결혼했다.
⑤ 밀레의 제자가 되어 가르침을 받았다.

3 **빈센트 반 고흐에게 본받을 만한 점으로 알맞은 것은 무엇인가요?**

① 동시에 여러 직업을 갖는 것
② 하고 싶은 일에 집중하고 몰두하는 것
③ 끊임없이 학업에 열중한 것
④ 전문가를 찾아다니며 열정적으로 도움을 받은 것
⑤ 자신이 그린 그림을 무료로 나누어 주며 온정을 베푼 것

▶ 정답: 235쪽

Ⅱ. '나'와 빈센트 반 고흐

STEP 1

몰입 이해하기

몰입하기 위해서는 잡념과 주위의 모든 방해물을 차단하고 원하는 한 곳에 온정신을 집중해야 합니다. 고흐가 짧은 시간 동안 엄청난 양의 그림을 그릴 수 있었던 것은 바로 몰입했기 때문이지요. 여러분도 고흐처럼 몰입하여 짧은 시간에 굉장한 결과물을 만들어 낸 경험이 있는지 생각해 보세요.

빈센트 반 고흐는 이랬어.

빈센트 반 고흐는 화가가 된 이후로 그림 그리기에 모든 열정을 쏟기 시작했어. 그림 모델을 구할 돈이 없었던 그는 특히 자신의 모습을 많이 그렸는데, 기법과 규칙에 구애받지 않은 자유로운 붓질로 겉모습뿐만 아니라 마음의 변화까지 표현했지. 파리에서 지냈던 2년간 고흐는 200여 점의 그림을 그렸대. 쉬지 않고 그림만 그렸다 해도 과언이 아니었어.

고흐는 스물일곱 살에 화가가 되었고 10년밖에 화가 생활을 하지 못했지. 하지만 이런 고흐가 수많은 그림을 그릴 수 있었던 까닭은 그가 그림 그리는 일에 몰입하고, 거기에 모든 노력과 정성을 기울였기 때문이야.

너는 어땠어?

생각 쑥쑥

다음 중 고흐가 많은 시간과 노력 끝에 화가로서 수많은 명작을 남긴 사실에 가장 어울리는 사자성어를 골라 보세요.

진퇴양난　　개과천선　　역지사지　　동문서답　　대기만성

▶ 정답: 235쪽

STEP 2

몰입에 도움이 되는 것

몰입은 한 가지 일에 모든 힘을 쏟아붓는 집중을 통해 경험할 수 있습니다. 고흐는 동생 테오 덕분에 그림 그리는 일에 집중하고 몰입할 수 있었지요. 여러분이 몰입하는 데 도움이 되는 일에는 무엇이 있는지 생각해 보세요.

고흐는 테오 덕분에 몰입할 수 있었어.

고흐는 습작을 포함하여 무려 2,000여 점의 그림을 그렸는데 그가 그림을 그린 기간은 겨우 10년밖에 되지 않았어. 단순하게 계산하면 1년에 200점의 그림을 그린 것이지. 보통 화가들이 그림 한 점을 완성하는 데 수개월까지 걸리는 것을 생각하면, 정말 대단한 양이 아닐 수 없어. 그림에 대한 열정과 의지 없이는 불가능한 일이야. 여기에는 고흐의 열정과 더불어 동생 테오의 응원과 격려가 있었지.

모든 사람이 고흐의 그림을 인정하지 않아도 테오는 고흐의 그림을 사랑했으며 틀림없이 화가로 성공할 거라며 용기를 북돋워 주었어. 고흐는 그런 테오를 동생이 아니라 영혼의 동반자로 여겼대. 동생을 생각하며 용기를 내고, 최선을 다해 그림을 그렸지. 테오가 없었다면 고흐는 화가의 길을 포기했을지도 몰라.

너는 무엇이 몰입하는 데 도움이 되니?

이것만은 꼭!

빈센트 반 고흐를 떠올려 봐. 고흐에게는 정말 많은 시련이 있었어. 집도 가난했고, 첫사랑이었던 여성은 고흐의 고백을 거절했지. 가난한 사람을 보살피는 데 헌신하면서 목회자의 길을 가고자 했지만 뜻대로 되지 않았어. 그림을 그리겠다고 결심하고 최선을 다해 그림을 그렸지만 그마저 사람들의 외면을 받았어. 하지만 고흐는 매 순간 최선을 다해서 그림을 그렸지. 그 결과 수많은 명작을 탄생시켰어. 오늘날 많은 사람이 고흐의 작품을 보며 감탄하고 위로를 받아. 어렵고 힘든 일이 있어도 고흐처럼 포기하지 말고 네가 원하는 것에 몰입하면 반드시 꿈을 이룰 수 있을 거야.

노벨상의 창설자

알프레드 노벨

알프레드 노벨은 다이너마이트를 발명하고, 이를 통해 쌓은 부를 바탕으로 세계에서 가장 유명하고 명예로운 상인 노벨상을 만들었습니다. 다음은 알프레드 노벨이 다이너마이트를 발명하기 위해 얼마나 많이 연구하고 실험했는지 잘 보여주는 일화입니다.

틈틈이 나이트로글리세린에 대해 연구하던 알프레드는 아버지 임마누엘이 있는 스웨덴의 실험실로 향했습니다.

나이트로글리세린으로 폭약을 만드셨다고요? 그 물질은 성능이 뛰어나지만 안전하지 않잖아요.

그래서 나이트로글리세린에 흑색 화약을 섞어서 새로운 *폭약을 만들어 봤단다.

실험 기간이 너무 짧아. 혹시라도 문제가 생기면 어쩌지?

* **폭약** 화약보다 폭발 반응 속도가 빠르고, 위력이 더 파괴적인 것

자신이 새롭게 만들어 낸 폭약에 아무 문제가 없다고 생각한 임마누엘은 그 폭약을 스웨덴 군대에 팔려고 했습니다.
대단한 발명품이오. 폭파 실험에 성공하면 우리가 사도록 하겠소.
좋습니다.

하지만 폭약은 알프레드가 우려했던 대로 문제가 생겼습니다. 바로 두 물질이 혼합된 뒤에는 시간이 지날수록 잘 터지지 않는 것이었습니다. 결국 폭파 실험은 실패하고 말았습니다.
웅성 웅성
왜 안 터지는 거야?

설마설마했는데 …….
폭발하지 않는 폭약은 구매할 수 없습니다.

나에게 생각할 시간을 다오.

아버지는 아직도 실패한 폭약에 미련이 있으신가 봐.
그 폭약은 이미 쓸모없는 것으로 판명 났어. 우리가 원하는 순간 터지지 못하면 아무 소용없는 거야.

이제 어쩌지?

새로운 방식으로 접근해야 해. 나이트로글리세린에 대해 다시 생각해 보자.

폭약을 원하는 순간에 정확히 터뜨릴 수 있는 방법을 생각해 봐야겠어.

원하는 순간에? 어떻게?

알프레드는 나이트로글리세린을 안전하면서도 원하는 시간에 폭발시킬 방법을 찾기 위해 몇 날 며칠을 고민했습니다.

형, 아직도 방법을 찾고 있어?

어쩌면…….
나이트로 글리세린
흑색 화약
그래! 흑색 화약과 나이트로글리세린을 분리해 따로 폭발시키는 거야. 그래야 내가 원하는 순간에 확실하게 폭발할 수 있어.
내가 방법을 생각해 냈어!
에밀도 무척 기뻐할 거야.
앗! 실험실에서 폭발이!

도대체
무슨 일이야?
미안해. 방심하다가
폭발했어.
깜짝 놀랐잖아!
나이트로글리세린은
아주 작은 충격에도 이렇게
터져 버리니 정말 문제야.
하지만
우리가 노력하면
안전하게 사용할 수
있을 거야.
그리고 이건
나이트로글리세린을
다룰 수 있는
해답이지.
정말?
드디어 생각해
낸 거야?
그래.
난 흑색 화약과
나이트로글리세린을
철저히 분리해
생각했어.

알프레드가 개발한 폭약은 액체 폭약으로 이름 붙여졌습니다. 이 폭약은 사용하고자 하는 시간과 장소에서 폭발할 수 있었고 폭발력도 매우 강력했습니다.

액체 폭약은 스웨덴에서 특허를 받으며 엄청나게 팔려 나가기 시작했습니다.

I. 조목조목 인물 탐험

알프레드 노벨에 관한 다음 글을 읽고 물음에 답하세요.

알프레드 노벨은 1833년 스웨덴의 수도인 스톡홀름의 가난한 동네에서 태어났습니다. 노벨은 발명가인 아버지를 따라 어릴 때부터 과학에 관심을 보였습니다. 몸도 허약했던 탓에 다른 형제들처럼 밖에 나가 노는 것보다 아버지가 새로운 발명품을 개발하는 것을 온종일 지켜보는 날이 많았어요. 노벨의 아버지는 노벨이 태어나기 전, 여러 가지 발명으로 특허권을 따고 나라에서 주는 상도 받은 열정적인 발명가였답니다.

아버지가 사업에 실패하자 노벨의 가족은 생계를 위해 시장에서 채소와 성냥을 팔아서 하루하루 끼니를 걱정해야 할 정도로 생활이 어려워졌어요. 하지만 노벨의 가족은 서로에 대한 사랑으로 똘똘 뭉쳐 이 시기를 헤쳐 나갔고, 결국 아버지의 발명이 성공하여 가난을 벗어날 수 있었습니다.

노벨은 가난에서 벗어난 뒤 본격적으로 과학 공부를 시작했습니다. 외국으로 유학을 간 그는 최신 과학 지식을 습득했고, 그때부터 발명에 몰두하기 시작했습니다. 발명에 푹 빠진 노벨은 좋은 발명품에 대한 생각이 떠오르면 그것을 만들어 낼 때까지 실험을 멈추지 않았다고 해요.

때때로 노벨은 실험을 하다가 위험한 상황에 놓이기도 했습니다. 그 이유는 폭발 위험이 높은 '화약'을 주로 연구했기 때문입니다. 실제로 노벨은 막냇동생인 에밀을 폭발 사고로 떠나보내야 하는 아픔을 겪기도 했습니다. 노벨은 동생의 죽음으로 한동안 크게 상심했지만, 발명을 포기하지는 않았습니다. 오히려 동생을 생각하며 화약의 안전성을 높이기 위한 실험에 더 몰두했답니다.

이렇게 발명에 매진했기에 노벨은 평생 350여 개에 달하는 어마어마한 수의 특허를 취득할 수 있었고, 마침내 '다이너마이트'를 발명해 냅니다. 노벨이 만든 다이너마이트의 핵심 성분은 나이트로글리세린으로, 이것은 지금까지 알려진 가장 강력한 폭발 물질 중 하나입니다. 노벨은 끊임없이 연구에 몰입하여 안전하면서도 성능이 좋은 폭약을 개발하는 데 성공할 수 있었습니다. 발명을 향한 끊임없는 열정이야말로 노벨이 최고의 발명가로 남을 수 있었던 가장 큰 이유입니다.

노벨상 메달에는 노벨의 얼굴과 함께 그의 출생, 사망 연도가 라틴어로 쓰여 있습니다. © Jonathunder

1 **알프레드 노벨이 발명한 것은 무엇인가요?**

① 악기
② 성냥
③ 유산균
④ 다이너마이트
⑤ 나이트로글리세린

2 **알프레드 노벨의 일화로 알맞은 것은 무엇인가요?**

① 체력이 튼튼했다.
② 어머니를 일찍 여의었다.
③ 정규 교육을 받지 못했다.
④ 폭발 사고로 동생을 잃었다.
⑤ 발명가였던 아버지 덕분에 유복한 어린 시절을 보냈다.

3 **알프레드 노벨이 자신의 꿈을 이룰 수 있었던 이유로 알맞지 않은 것은 무엇인가요?**

① 가족끼리의 단결력
② 정치가로서의 사회적 성공
③ 과학적인 관심과 소질
④ 관심 분야에 대한 끝없는 몰입
⑤ 실패에도 굴하지 않는 도전 정신

▶ 정답: 235쪽

Ⅱ. '나'와 알프레드 노벨

STEP 1

몰입 유지하기

몰입을 잘하려면 몰입 상태를 유지하는 것이 매우 중요합니다. 하지만 주변 환경이 몰입을 방해할 때가 많죠. 알프레드 노벨이 다이너마이트를 만들었을 때 주변의 비난 때문에 몹시 힘들었던 것처럼 말이에요. 여러분의 몰입을 방해하는 요소들은 무엇인가요? 어떻게 그것들을 이겨낼 수 있었나요?

알프레드 노벨은 이랬어.

화약은 폭탄의 원료이고, 폭탄은 전쟁에서 많은 사람의 목숨을 빼앗는 데 사용돼. 따라서 더 강력한 화약을 만든다는 것은 더 강력한 폭탄을 만든다는 말과 같아. 그것이 나이트로글리세린을 이용해 이전보다 훨씬 강력한 폭약인 다이너마이트를 만들어 낸 노벨이 많은 비난을 받았던 이유이기도 해. 심지어 반대 시위까지 이어졌지. 하지만 노벨은 사람들의 비난에 굴복하지 않았어. 화약 연구를 그만두기보다는, 화약이 여러 분야에 큰 도움이 되도록 만들기 위해 더욱 노력했어.

너는 어땠어?

생각 쑥쑥

다음 그림을 집중해서 살펴보세요. 혓바닥을 내밀고 있는 강아지는 모두 몇 마리인가요?

▶ 정답: 236쪽

몰입 경험 나누기

자신이 무언가에 관심을 집중하는 순간의 생각과 감정을 파악해 보세요. 그때가 바로 몰입의 순간이에요. 몰입하는 시간이 길어질수록 목표에 더 가까이 다가갈 수 있답니다. 인류를 위해 할 수 있는 일을 진지하게 고민하는 데 집중했던 노벨처럼 여러분도 깊게 몰입하여 원하는 결과를 얻은 적이 있나요?

알프레드 노벨은 깊게 몰입한 끝에 인류를 위해 공헌할 방법을 찾아냈어.

1888년 노벨의 형이 사망하자 프랑스의 한 신문은 알프레드 노벨이 죽은 것으로 잘못 알고 '죽음의 상인, 사망하다'라는 제목의 기사를 실었어. 발명에 평생을 바친 노벨은 사람들이 자신을 '죽음의 상인'으로 여긴다는 것에 큰 충격을 받았지. 그리고 자신이 개발한 강력한 화약이 무기로 사용돼 많은 사람의 목숨을 빼앗았다는 것에 큰 죄책감을 느꼈어.

이때부터 노벨은 인류를 위해 할 수 있는 것이 무엇인지 진지하게 고민했어. 또다시 몰입하고 집중하여 생각한 끝에 그동안 쌓은 막대한 재산으로 인류를 위해 공헌한 사람들에게 상을 주기로 했어.

이런 그의 생각은 유언으로 정리돼 변호사에게 전달되었고, 그가 죽고 난 뒤 발표되었어. 노벨이 죽은 지 100년이 넘게 지난 지금, 그의 유언으로 만들어진 노벨상은 세계에서 가장 권위 있는 상으로 인정받고 있어.

너는 몰입으로 어떤 결과를 얻었어?

이것만은 꼭!

알프레드 노벨을 떠올려 봐. 어린 시절 매우 가난했고, 발명가가 되어서는 전쟁에 사용되는 폭탄을 발명했다는 이유로 거센 비난을 받았어. 그랬던 그가 시련을 이겨 내고 위대한 발명가로 이름을 남길 수 있었던 성공 열쇠는 무엇일까? 바로 발명을 향한 끊임없는 몰입과 비난에 굴복하지 않는 열정이야. 사람들의 비난에 괴로워했지만, 끝까지 발명을 포기하지 않고 실험에 더욱 몰두했지. 고난을 물리치고, 최고의 발명가이자 노벨상의 창시자로 칭송받는 노벨을 떠올리면서, 너는 무엇을 위해 몰입할지 생각해 봐.

방사능을 발견한 집념의 과학자

마리 퀴리

방사성 원소를 발견하고, 방사능 연구의 문을 연 물리학자이자 화학자인 마리 퀴리는 그 연구 업적을 널리 인정받아 노벨화학상과 노벨물리학상을 받게 되지요. 다음은 호기심 많고 집중력이 뛰어났던 마리 퀴리의 어린 시절 이야기입니다.

저울같이 생긴 저건 또 어디에 쓰는 거지?

마냐!

마냐는 마리의 어릴 적 애칭이었습니다.

……

얼마나 집중했으면 아빠가 부르는 소리도 안 들리나 보네.

허허, 그것들이 그렇게도 신기하니?

어린 마리가 훗날 과학자가 되기까지는 아버지의 영향이 가장 컸습니다. 마리의 아버지는 바르샤바의 한 중학교에서 물리를 가르치는 선생님이었습니다. 아버지의 서재에는 여러 가지 물리 실험 기구가 놓인 유리 장식장이 있었는데, 마리는 늘 장식장에 놓인 물건들에 대해 궁금해했습니다.

모두 물리 실험을 할 때
쓰는 기구들이지.
네? 아빠,
뭐라고요?

물리 실험 기구.
무, 물리,
실…….
물리, 실험, 기구.
물리,
실험, 기구요?

그렇지, 물리
실험 기구!
이름이 너무
어려워요.

겨우 네 살짜리 마리에게 '물리 실험 기구'라는
말은 너무 어려웠습니다. 그래서 마리는 뜻도
모르는 그 말을 무조건 외웠습니다.
무, 물리……
시, 실험……
기, 기구…….

아빠, 이 돌멩이로
뭘 하실 거예요?
하하하. 우리 마냐가 궁금한 게 참 많은 모양이구나. 물리라는 학문은 이렇게 여러 가지 돌멩이도 연구한단다.
네? 돌멩이를 연구한다고요?
마냐, 이런 돌멩이도 결코 하찮은 것이 아니란다. 이다음에 마냐가 자라서 물리학을 공부하게 되면 알게 될 거야.
엄마~.
엄마, 저 이다음에 커서 물리학을 공부할 거예요!

아버지의 서재에서 물리 실험 기구를
보는 것 다음으로 마리가 좋아하는 일은
책을 읽는 것이었습니다. 마리는 책에
열중하면 옆에서 누가 떠들거나
무슨 일이 벌어져도 몰랐습니다.
놀랐지!
꺅!
마냐!
…….
뭐야, 이래도 놀라지 않네.
어디 이렇게 해도 모르나 보자.
큭큭. 책을 읽다가 자리에서 일어나는 순간, 아마 깜짝 놀라 기절하고 말걸?
…….

아휴, 더 이상
기다리기도 지루해.
도대체 언제까지
기다려야 하는 거야?
됐다! 드디어 마냐가
책을 다 읽었어!
이제 곧……, 흐흐흐~.
우당탕! 쿵쾅!
깜짝이야.

정말 감명 깊은
책이었어.
다음에는 어떤
책을 읽을까?

세, 세상에…….
책에 푹 빠져서
아무것도 모르잖아.

마냐는 정말 놀라운
집중력을 가졌어.

I. 조목조목 인물 탐험

마리 퀴리에 관한 다음 글을 읽고 물음에 답하세요.

마리 퀴리는 1867년 러시아의 지배를 받던 폴란드 바르샤바에서 태어났습니다. 마리 퀴리의 원래 이름은 '마리아 스크워도프스카'였어요. 그녀는 빼앗긴 나라에서 태어난 것도 모자라 열한 살 때 어머니마저 세상을 떠나게 됩니다.

마리 퀴리는 어린 시절부터 섬세한 호기심과 대단한 집중력을 지니고 있었습니다. 네 살 무렵에는 아버지의 서재에 있는 물리 실험 기구들을 보며 신기해하기도 했죠. 그녀가 라듐을 발견해 노벨상을 받게 된 데에도 호기심의 역할이 컸습니다.

마리 퀴리는 한 가지 생각에 집중하면 옆에서 친구들이 장난치고 소란스럽게 해도 전혀 눈치채지 못할 때가 많았다고 합니다. 오빠와 두 언니가 책을 읽고 있는 어린 마리의 주위를 빙 둘러 아슬아슬하게 의자를 쌓아 올렸는데도, 책 읽기에 집중하느라 전혀 알아차리지 못했다는 얘기가 널리 알려져 있지요.

마리 퀴리에게는 남다른 도전 정신이 있었습니다. 당시는 여자가 대학에 가지 않는 것을 당연하게 여겼기에 여자가 과학자가 된다는 것은 꿈조차 꾸기 힘들었습니다. 하지만 그녀는 특유의 끈기와 인내심으로 소르본 대학교 최초의 여성 물리학 박사가 되어 과학자라는 꿈을 이루어 냈습니다.

마리 퀴리가 피치블렌드 광석에서 라듐을 추출해 낸 것 또한 이 같은 끈기와 인내심이 없었다면 성공하기 힘들었을 것입니다. 그녀는 우라늄과 같은 성질을 가진 원소가 또 있는지 알아보는 실험을 했는데, 당시에 알려져 있던 화학 원소 70개는 물론이고 여러 원소가 섞인 화합물까지도 모두 조사했습니다. 이를 위해 수천 번도 넘게 실험을 거듭했고 마침내 토륨이라는 금속에서도 우라늄 원소와 같은 빛이 나온다는 사실을 알아낼 수 있었습니다.

마리 퀴리는 인류에게 도움이 되는 일을 해야겠다는 일념으로 자신의 삶을 과학 발전에 바쳤습니다. 그녀는 최초로 방사성 원소 라듐을 발견했고, 방사성 원소의 성질을 연구하는 데 평생을 헌신했습니다. 그 결과 여성 과학자로서는 처음으로 노벨상을 두 번이나 수상했어요. 그뿐만 아니라 여자는 대학교수가 될 수 없었던 당시의 전통과 관습을 무너뜨리고, 소

르본 대학에서 여성 최초로 대학교수가 되었습니다. 전 세계의 어린 소녀들이 과학자의 꿈을 키워 나가고, 오늘날 뛰어난 여성 과학자들이 활약할 수 있게 된 데는 마리 퀴리의 엄청난 영향이 있었습니다.

오늘날 방사성 물질은 일상생활에서 매우 중요한 위치를 차지하고 있어요. 원자력 발전소와 원자력 잠수함의 추진 원료로 사용되고, 병원에서 각종 기구를 소독하거나 수술을 할 때도 아주 유용하게 사용됩니다. 또한, 질병 치료, 특히 암을 치료하는 데 놀라운 효과가 있습니다. 하지만 어떻게 이용하느냐에 따라 그것이 가져오는 결과가 완전히 달라질 정도로 위험하기도 합니다. 우리는 마리 퀴리의 뜻에 따라 그녀가 세상에 내놓은 지식을 올바르게 사용해야 할 것입니다.

1 **마리 퀴리의 직업으로 알맞은 것은 무엇인가요?**

① 소설가
② 과학자
③ 운동선수
④ 요리사
⑤ 미술가

2 **마리 퀴리에 대한 내용으로 알맞지 <u>않은</u> 것은 무엇인가요?**

① 1867년 폴란드 바르샤바에서 태어났다.
② 어린 나이에 어머니를 여의었다.
③ 방사성 원소의 성질을 연구하는 데 평생을 바쳤다.
④ 당시의 전통과 관습에 따라서 소르본 대학에서 물리학 박사 학위를 받았다.
⑤ 여자 과학자로서는 처음으로 노벨상을 두 번이나 수상했다.

3 **마리 퀴리가 위대한 과학자가 될 수 있었던 원동력이 <u>아닌</u> 것은 무엇인가요?**

① 호기심
② 독서와 집중력
③ 조국 러시아의 강력한 군사력
④ 도전 정신
⑤ 끈기와 인내심

▶ 정답: 236쪽

Ⅱ. '나'와 마리 퀴리

STEP 1

몰입에서 즐거움 찾기

몰입은 고도의 집중력을 유지하면서 지금 하는 일을 '충분히 즐기는' 상태를 말합니다. 몰입을 통해 잠재력을 계발하고 자신감과 행복감도 얻을 수 있어요. 여러분도 '즐길' 정도로 무언가에 완전히 빠져든 경험이 있었나요?

마리 퀴리는 이랬어.

마리 퀴리는 한 가지 생각에 집중하면 옆에서 무슨 일이 벌어지는지도 모를 정도로 완전히 빠져들 때가 많았어. 어릴 때, 오빠와 언니들이 마리 주위에 의자를 위태롭게 쌓아 올렸을 때도 책에 집중한 나머지 전혀 알아채지 못했다고 해.

파리의 다락방에 살던 시절 제대로 먹지도 않고 공부에만 빠져 있다가 결국 쓰러졌을 때도 기운을 차리자마자 다시 공부에 매달렸고, 피에르와 결혼한 이후에도 저녁을 먹었는지 안 먹었는지조차 모를 정도로 공부에 매달렸어.

그녀는 소르본 대학교에 다닐 때도 늘 강의실에 가장 먼저 도착해 맨 앞자리에 앉아 공부에만 집중했어. 이 때문에 '소르본의 괴짜 여학생', '공붓벌레'라는 별명이 생겼지.

너는 어땠어?

아래 양말 중 똑같은 양말 한 쌍을 찾아 동그라미 하세요.

▶ 정답: 236쪽

몰입하게 만드는 힘

몰입은 한 가지 일에 모든 힘을 쏟아붓는 집중을 통해 경험할 수 있습니다. 집중은 마음을 하나로 모으고 조정해서 버티는 힘이지요. 마리 퀴리가 라듐을 추출하기 위해 집중했던 것처럼 여러분도 목표하는 일에 집중한 적이 있었나요?

마리 퀴리가 몰입할 수 있었던 힘은 무엇일까?

마리 퀴리는 피치블렌드 광석에서 순수한 라듐을 뽑아내기로 했어. 하지만 그게 얼마나 엄청난 일인지 그때는 짐작조차 하지 못했어. 눈으로 볼 수 있을 만큼만 순수한 라듐을 뽑아내려고 해도 어마어마하게 많은 피치블렌드 광석을 녹여서 분리해야 했던 거야. 퀴리 부부에게 방사성 원소를 찾는 실험은 엄청난 끈기와 인내심을 요구했어. 온종일 끓는 용액을 젓느라 입은 옷은 엉망이 되었고, 쉴 새 없이 피어오르는 지독한 연기와 냄새를 견뎌 내야 했지. 실험실은 환기가 잘되지 않아 겨울이면 냉동실처럼 춥고 여름에는 숨이 턱턱 막히도록 더웠어. 마리 퀴리는 이 모든 어려움을 끈기와 인내로 이겨 내고 결국 라듐을 분리해 냈어.

몰입을 유지하기 위해 끈기 있게 버틴 적이 있어?

마리 퀴리를 떠올려 봐. 마리 퀴리는 인류에게 도움이 되는 일을 해야겠다는 일념으로 자신의 삶을 과학 발전에 바쳤어. 그녀는 끊임없이 연구하여 최초로 방사성 원소 라듐을 발견했고, 방사성 원소의 성질을 연구하는 데 온 힘을 쏟았지. 그리고 뛰어난 연구 덕분에 여자 과학자로서는 처음으로 노벨상을 두 번이나 수상했어. 매일 해야 하는 일이나 숙제가 있다면 주저하지 말고 지금 시작해. 그리고 거기에 몰입해 봐! 어느 순간 모든 것이 해결되어 있을 거야.

조선 후기의 대표적 실학자

정약용

정약용은 조선 후기를 대표하는 실학자로, 정조의 신임 아래 문학, 과학, 의학 등 다양한 분야에서 활약했어요. 다음은 정약용이 정조의 명으로 배다리를 만들었을 때의 일입니다.

* **조서** 임금의 명령을 작성한 문서
* **배다리** 작은 배를 한 줄로 여러 척 띄워 놓고 그 위에 널빤지를 건너질러 깐 다리

수원에 있는 아바마마의
능을 찾아뵈어야 하는데
문제가 있구나.

예부터 한강을
건널 때 많은 사고가
있었다.
아무래도 전하를
비롯한 수천 명의 사람이
함께 움직이다 보니
그런 일이 발생하지요.

물살에 배가
흔들리기라도
한다면…….
전하의 행차 때
쓸 배다리를
설계하는 일은 매우
중요한 일이다.

어릴 때부터
다양한 학문을 접한 내가
이 일의 적임자이기에
전하께서 나에게
맡기신 것이다.
어떻게 하면 그 많은
인원이 안전하게 한강을
건널 수 있을까?
이후 약용은 배다리를 설계하는 데
온 힘을 쏟았습니다.
그래! 배 일부는 배다리의
몸체로, 나머지는 좌우에서
몸체를 고정하거나 호위하는 데
사용하자.

배와 배 사이를
널빤지로
연결하라!

이크!
배의 크기가 달라
균형이 맞지
않는구나.
휘청

강의 가운데에
가장 큰 배를 배치하고
양쪽으로 갈수록 조금씩
작은 배를 배열한다.

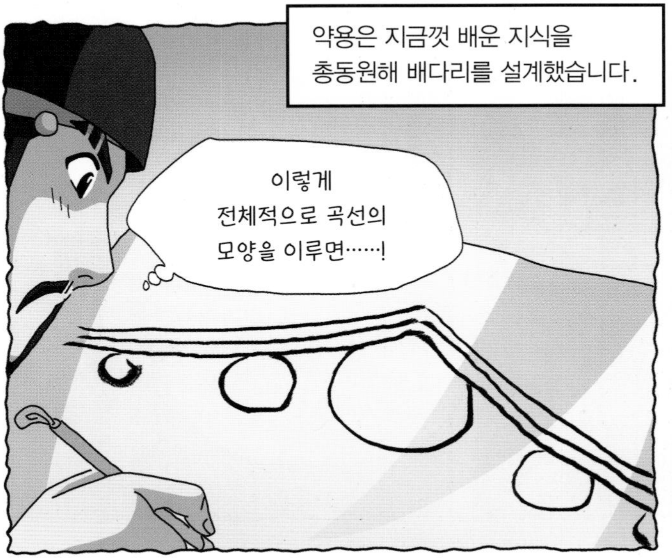
약용은 지금껏 배운 지식을
총동원해 배다리를 설계했습니다.
이렇게
전체적으로 곡선의
모양을 이루면……!

배의 규격을 맞추는 게
중요하다. 또한 배다리를 만드는 데
필요한 비용은…….

1789년(정조 13년), 한강에 배다리가 설치되었습니다.

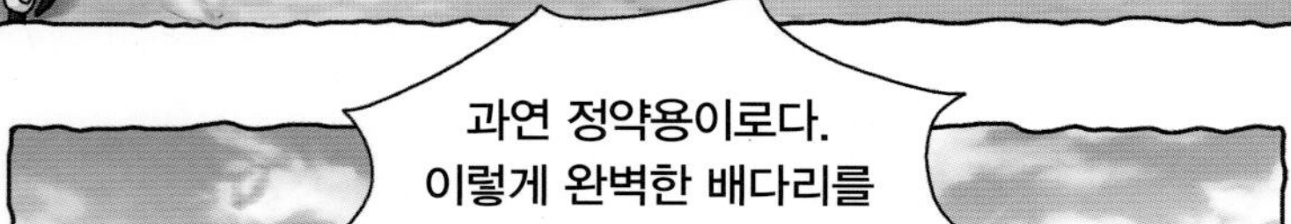

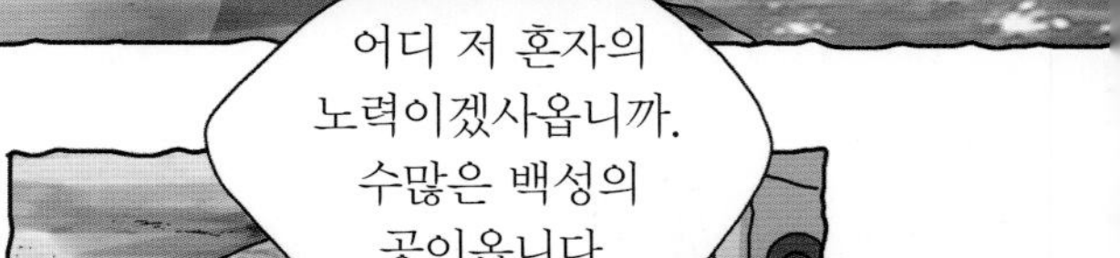

정약용은 11년 동안 정조를 보필하며 개혁 정치의 선두에 서서 거중기 제작, 수원 화성 건축, 지방 관리로서 활약 등 다방면에서 업적을 남겼습니다.
經世遺表
牧民心書
그러나 정조가 죽자 모함을 받아 정치 생활보다도 더 긴 18년 동안의 긴 유배 생활을 해야만 했습니다.
欽欽新書 一
유배 생활 중에도 다양한 분야에서 무려 500여 권에 이르는 책을 저술했는데, 특히 지방 관리의 마음가짐에 대해 쓴 《목민심서》, 공정한 재판과 가혹한 형벌을 줄일 것을 제안한 《흠흠신서》, 국가를 경영하는 것에 대해 다룬 《경세유표》는 정약용의 대표작으로 꼽힙니다.

I. 조목조목 인물 탐험

정약용에 관한 다음 글을 읽고 물음에 답하세요.

정약용은 조선 후기의 문신이자 학자로, 스물여덟에 관직에 나가 11년 동안 정조를 보필하며 개혁 정치의 선두에 섰던 인물이에요. 특히 실학에 관심이 많았던 정약용은 자신이 지닌 재능 대부분을 백성을 위한 일에 사용하고자 했습니다. 그래서 고달픈 귀양살이 중에도 경제, 사회, 역사, 의술, 범죄학, 아동, 천문, 지리, 토목 등 다양한 분야에서 무려 500여 권에 이르는 방대한 책을 저술했습니다.

정약용은 농업 중심 개혁론을 제시하며 정전제를 주장했어요. 정전제는 '우물 정(井)', '밭 전(田)', '제도 제(制)' 자를 쓰는데, 이 이름 안에 정약용의 핵심 사상이 녹아 있어요. '우물 정' 자를 자세히 보면 아홉 칸으로 나누어져 있어요. 정약용은 땅을 '우물 정' 자처럼 아홉 구역으로 나누고, 가운데 땅에서 나는 곡식은 나라와 관아에 세금으로 바치고, 나머지 여덟 칸에서 얻은 곡식은 백성들이 서로 분배하여 가져가면 된다고 주장했습니다.

한편, 정약용이 실학자로서 왕인 정조에게 인정받게 된 계기는 바로 배다리의 건설이었습니다. 배다리란 배 여러 척을 물에 띄운 후 각각의 배들을 이어 만든 다리로, 일반 다리를 만드는 것보다 비용이 훨씬 적게 듭니다. 정조가 아버지의 능인 융릉에 행차할 때 이 배다리를 이용해서 한강을 건너겠다고 다짐한 게 그 시작이었습니다. 정약용은 배다리를 성공적으로 시공해 정조의 두터운 신임을 얻게 되었습니다. 이후 정조는 정약용의 평생의 후원자이자 스승이 되었습니다.

또한, 수원 화성을 만들 때는 사용된 각종 도구와 성의 기본 설계 등에 정약용이 큰 역할을 했습니다. 정약용은 기존의 기술만으로는 짧은 기간에 성을 쌓기 불가능하다는 것을 알았습니다. 그래서 자신의 실학적 지식을 총동원하여 성 쌓는 기술을 새롭게 하고 거중기를 만들었습니다. 정약용이 없었다면 수원 화성은 만들어지지 못했을 것입니다. 그래서 수원 화성을 이야기할 때 정약용은 빠지지 않고 꼭 등장한답니다.

정약용은 유배지의 고된 생활조차도 백성들의 삶을 체험하기 위한 경험으로 여기며 실학을 현실에 반영하려고 노력했던 참된 선비이자 학자였습니다. 그는 조선 후기를 대표하는 유학자로 이름을 날렸을 뿐만 아니라, 실학자로서도 조선의 학문과 문화, 과학 기술을 집대성하고 한 단계 더 발전시킨 대학자로 기억되고 있습니다.

1 **정약용의 직업은 무엇인가요?**

① 탐험가
② 상인
③ 실학자
④ 무술가
⑤ 요리사

2 **정약용에 대한 설명으로 옳은 것은 무엇인가요?**

① 정전제의 잘못된 점을 비판했다.
② 배다리 건설의 실패로 위기를 맞았다.
③ 영조의 두터운 신임을 얻었다.
④ 거중기를 발명하여 수원 화성을 완성했다.
⑤ 다양한 분야에서 무려 100권의 책을 저술했다.

3 **정약용이 자신의 인생 목표를 달성할 수 있었던 이유로 가장 알맞은 것은 무엇인가요?**

① 스물여덟 살에 관직에 나아감
② 배다리 건설 성공으로 영조의 신임을 얻음
③ 백성을 사랑하고 실학을 현실에 반영하려고 노력함
④ 지방 관리로서 백성들에게 경제적 도움을 받음
⑤ 유배지에서 게으른 생활을 함

▶ 정답: 236쪽

Ⅱ. '나'와 정약용

STEP 1

몰입 이해하기

정약용이 수많은 발명품을 만들고 수백 권의 책을 저술할 수 있었던 것은 하고자 하는 일에 몰입했기 때문이에요. 몰입은 잡념이나 주위의 방해물들을 차단하고 원하는 것에 정신을 집중해야 가능해요. 여러분은 시간이 훌쩍 지나버린 것을 뒤늦게 깨달을 정도로 무언가에 집중하고 몰입했던 적이 있나요?

정약용은 이랬어.

정약용이 유배지인 강진에 막 도착했을 때는 그야말로 절망적이었어. 자신을 공격한 노론 세력에 대한 분노로 한동안은 마음을 추스를 수조차 없었지. 하지만 곧 마음을 가라앉히고 자신이 해야 할 일들을 생각하고 정리했어. 외가인 해남 윤씨 집안에서 다산초당을 내주자 정약용은 비로소 마음 놓고 제자들을 가르치며 본격적으로 연구와 저술에 몰입할 수 있게 되었어. 다산초당에서 백련사로 넘어가는 산책길과 귤동마을 앞 구강포 바다, 스스로 가꾼 조촐한 정원 속에서 마음의 위안을 얻게 된 것이지. 이때 정약용이 저술한 책은 자그마치 500여 권이나 된다고 해.

너는 어땠어?

생각 쑥쑥

숫자 5를 찾아서 동그라미 하세요.

S S S S S S S S S S S S S S S S S S S S S S S S S S S S S S
S S S S S S S S S S S S S S S S S S S S S S S S S S S S S S
S S S S S S S S S S S S S S S S S S S S S S S S S S S S S S
S S S S S S S S S S S S S S S S S S S S S S S S S S S S S S
S S S S S S S S S S S S S S S S S S S S 5 S S S S S S S S S
S S S S S S S S S S S S S S S S S S S S S S S S S S S S S S
S S S S S S S S S S S S S S S S S S S S S S S S S S S S S S

▶ 정답: 236쪽

STEP 2

몰입을 높이기 위해 노력하기

몰입을 위한 또 다른 핵심 요소는 명확한 목표입니다. 무엇을 이루어야 하는지가 명확하면 더 쉽게 몰입할 수 있고, 자신이 해야 할 일을 올바로 하고 있는지 파악하는 데 도움이 되기 때문이죠. 정약용에게는 백성들의 편안한 삶이 목표였어요. 여러분의 목표는 무엇이고 그것을 위해 어떻게 하고 있나요?

정약용은 어떤 목표를 가지고 있었을까?

정약용은 나라의 근본은 백성이라고 말했어. 백성의 삶이 풍요로워야 나라가 풍요로워지고, 그러려면 실학자들이 노력해야 한다고 주장했지. 그가 토지 제도에 대한 개혁안을 구상한 것도 같은 이유야. 당시 백성들이 가장 고통받는 것 중 하나가 바로 토지 문제였어. 백성들의 생활을 고려하지 않은 모순적인 세금 제도를 악용한 관리들의 수탈이 날로 심해졌기 때문이지.

정약용은 배다리와 거중기를 설계하는 등 기술자이자 과학자로서도 많은 업적을 쌓았는데, 여러 가지 기구를 제작할 때도 백성들이 편안하게 살기를 바라는 마음이 바탕이 되었어.

너는 어떤 목표가 있어?

이것만은 꼭!

정약용을 떠올려 봐. 정약용은 유배를 가서도 후학들을 양성하고 마음가짐을 가다듬고 몰입하여 수많은 저서를 남겼어. 그 상황에서도 제자들을 가르치고 책을 썼다는 것이 정말 대단해. 너도 목표를 세우고 그것을 향해서 몰입하다 보면 목표를 하나하나 이루게 될 거야.

CHAPTER
4
자아존중감

17강. 프리드리히 니체

18강. 넬슨 만델라

19강. 아멜리아 에어하트

20강. 한스 크리스티안 안데르센

21강. 이사도라 덩컨

현대 철학의 선구자

프리드리히 니체는 "신은 죽었다"라고 말하며 도덕이나 종교보다 인간 자신의 의지가 중요하다고 주장한 철학자예요. 다음은 니체가 대학교에 다닐 때 있었던 일입니다.

오늘은 중요한
수업이라 빠질 수
없어요. 시험 보기 전
마지막 수업이거든요.

시험? 대학교까지
와서 시험 걱정이나
하고 있는 거야?

대학교는 공부하러 오는
곳이 아니야. 젊음을
즐기러 오는 곳이라고!

노는 것도 좋지만,
공부는 해야 할 것
같습니다.

현재를 아무런
노력 없이 산다면,
앞날이 불안할 것
같거든요.
인생의 어려움과 고민은
신이 해결해 줄 거야.
불안해할 필요 없어.

인생의 어려움이
신의 뜻에 따라 해결된다고?
그러니 불안하지 않다고?

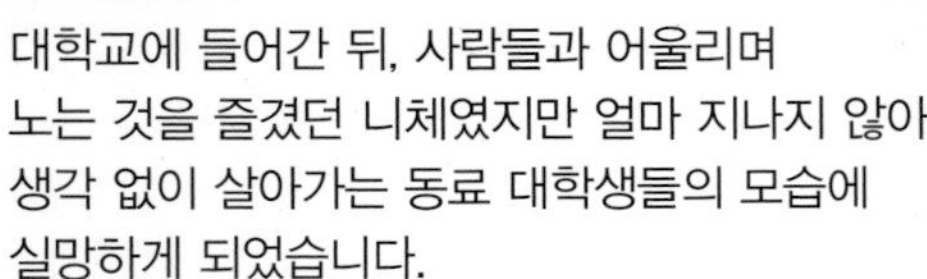
대학교에 들어간 뒤, 사람들과 어울리며 노는 것을 즐겼던 니체였지만 얼마 지나지 않아 생각 없이 살아가는 동료 대학생들의 모습에 실망하게 되었습니다.
너무 어리석은 이야기야. 자신은 아무 노력도 하지 않으면서 인생의 어려움은 신이 해결해 주길 바라고 있다니!

전 이만 가보겠습니다.
그래, 다음에 보자고.

더는 저들과 어울리지 않겠어. 내 삶은 신이 아니라, 내가 결정하는 거야. 난 내 행동으로 인한 결과를 스스로 책임지겠어.

요즘은 사람들과 잘 어울리지 않나 봐?
그들과 더는 어울리고 싶지 않아졌거든.

대학교에 입학한 뒤, 신학에 대해 회의를 느낀 니체는 신학 공부를 포기하기로 했습니다. 니체는 이 결심을 가족에게 알리기 위해 부활절 휴가에 맞춰 집으로 향했습니다.

내일은 부활절이구나.
오랜만에 가족이 함께
교회에 가자꾸나.
오빠 친구들도
반가워할 거야.

어머니,
전 교회에 가지
않겠어요.
가지 않겠다니?
왜? 어디 아프니?

더는 신에게 의지하지 않겠어요.
저는 제 의지대로 삶을 이끌어
나가겠어요!

'모든 것은 신의 뜻이다.'
종교의 이런 가르침이
사람이 앞으로 나아갈
의지를 약하게
만들어요!

어머니, 죄송해요.
전, 전…….

신학을 포기하겠다는 이 선언은 니체의 인생에서 가장 괴로운 결정이었습니다. 신앙심 깊은 가족 앞에서 신앙을 포기한다고 말하는 것은 두 번 다시 가족의 얼굴을 보지 않겠다는 선언이나 마찬가지였기 때문입니다.

I. 조목조목 인물 탐험

프리드리히 니체에 관한 다음 글을 읽고 물음에 답하세요.

서른여덟 살의 프리드리히 니체

철학자 프리드리히 니체는 1844년 독일에서 목사의 아들로 태어났습니다. 가족의 사랑을 받으며 행복한 어린 시절을 보냈지만, 아버지와 동생이 죽는 슬픔을 겪어야 했습니다. 또 평생을 두통, 눈병 등과 같은 병마에 시달렸습니다. 하지만 니체는 삶의 고난과 어려움에 맞서며 자신의 생각을 발전시켜 나갔고, 인간의 자기 극복 의지를 알렸습니다.

니체가 연구를 이어 나갈 수 있었던 데에는 가족의 도움이 있었습니다. 니체의 어머니는 젊은 나이에 남편을 잃고 혼자가 되어서도 정성을 다해 니체 남매를 돌보았습니다. 니체가 건강 문제로 요양하던 시기에는 그가 일에 얽매이지 않고 편안히 쉴 수 있도록 애썼습니다. 또한, 그녀 자신이 목사 아버지에게서 태어나 목사 남편을 두었던 독실한 기독교 신자였음에도 불구하고, 니체가 신학을 포기했을 때 이를 비난하기보다는 아들의 마음을 위로해 주었습니다. 니체가 정신질환으로 의식을 잃고 고통받을 때, 7년 동안 병든 그의 곁을 묵묵히 지켜 준 이도 바로 어머니였습니다. 어머니가 돌아가신 뒤에는, 어린 시절부터 오빠를 무척 따랐던 여동생 엘리자베트가 니체를 돌보아 주었습니다.

니체는 "신은 죽었다"라고 말하며 전통적인 도덕이나 종교에 의존하기보다, 인간 자신의 의지가 중요하다고 주장했습니다. 이 같은 주장은 사람들에게 큰 충격을 주었는데요, 당시에는 종교를 비판한다는 것은 엄청난 비난을 각오해야만 하는 일이었기 때문입니다. 대표적으로 찰스 다윈은 인간이 진화를 통해 만들어졌다는 '진화론'을 주장하여 교화와 창조론자들로부터 무수한 공격을 받았지요.

니체는 다른 철학자들과 달리 많은 글을 남기지 않았습니다. 게다가 본격적으로 집필 활동에 매진한 기간도 비교적 짧았어요. 젊을 땐 문헌학 교수로 활동했고, 말년에는 병 때문에 오랫동안 의식을 되찾지 못했기 때문이었습니다.

하지만 많은 철학자는 "현대 철학은 니체 덕분에 살아 있다"고 이야기하며 그를 높이 평가합니다. 19세기까지 대부분의 철학이 궁극

적인 진리와 존재에 대한 탐구, 세계의 기원 등 손에 잡히지 않는 무언가를 궁리했지만, 니체는 지금의 현실과 자기 자신의 문제를 궁리했기 때문입니다. 니체 덕분에 철학의 중심이 '신'에서 '인간의 내면'으로 옮겨 왔다고 볼 수 있지요. 이것이 바로 현대 철학의 가장 중심이 되는 생각입니다. 그의 사상은 특히 두 차례의 큰 전쟁을 겪으며 혼란에 빠진 사람들에게 자신의 힘으로 우뚝 설 수 있는 용기를 주었답니다.

Also
sprach Zarathustra.
Ein Buch
für
Alle und Keinen.
Von
Friedrich Nietzsche.
Chemnitz 1883.
Verlag von Ernst Schmeitzner.

프리드리히 니체의 철학 소설 《차라투스트라는 이렇게 말했다》 1부 초판의 첫 장

1 **프리드리히 니체의 직업은 무엇인가요?**

① 전도사
② 철학자
③ 의사
④ 과학자
⑤ 예술가

2 **프리드리히 니체에 대한 설명으로 옳은 것은 무엇인가요?**

① 유복한 의사 집안에서 태어났다.
② 전통적인 도덕이나 종교에 심취했다.
③ 현대 철학의 중심이 되는 사상을 주장했다.
④ 짧은 기간 동안 방대한 양의 글과 작품을 남겼다.
⑤ 가족들의 무관심에 상처를 입었지만, 시련을 이겨 냈다.

3 **프리드리히 니체가 목표를 달성할 수 있었던 이유로 알맞은 것은 무엇인가요?**

① 건강하고 강인한 체력
② 동물을 사랑하는 마음
③ 헌신적인 외조모의 사랑
④ 사람들의 전폭적인 지지
⑤ 자기 극복의 의지

▶ 정답: 237쪽

Ⅱ. '나'와 프리드리히 니체

자아존중감 이해하기

자아존중감이란, 자신이 사랑받을 만한 소중한 존재이고, 바라는 것은 무엇이든 이룰 수 있는 유능한 사람이라고 믿는 마음이에요. 긍정적인 자아존중감은 생활을 풍요롭게 하고 적극적으로 행동하게 만듭니다. 여러분이 자아존중감을 갖고 자기 생각을 당당하게 밀어붙인 적이 있었는지 생각해 보세요.

프리드리히 니체는 이랬어.

니체는 목사인 아버지 때문에 어린 시절부터 교회에 다녔어. 하지만 여러 지식을 접하면서, 사람들이 성경을 의심조차 하지 않고 신의 존재를 자연스럽게 받아들이는 것을 이상하게 생각했지. 니체 자신은 신의 존재를 잘 느낄 수 없었기 때문이야. 니체는 사람들이 신에게서 벗어나 자기 의지로 당당히 설 수 있어야 한다고 생각했어. 이것이 그가 철학자의 길로 들어선 계기가 되었어.

이처럼 니체는 자신을 둘러싼 환경을 아무 생각 없이 받아들이지 않았어. 그는 끊임없이 고민했고, 다른 사람들의 비난을 이겨 내며 의지를 꺾지 않았어. 이러한 저항 정신이 있었기에, 100여 년이 지난 오늘날도 니체의 철학과 사상이 사람들에게 여전히 큰 가르침을 주는 것이지.

너는 어땠어?

생각 쑥쑥

내가 돋보이게 하는 나의 장점 3가지를 적어 보세요.

-
-
-

STEP 2

자아존중감 높이기

자아존중감을 높이려면 자기 자신을 믿고, 자기 생각을 가치 있고 귀하게 여기는 것이 중요해요. 다른 사람의 말이나 생각에 쉽게 휘둘리고, 자기 생각을 창피하게 여기면 자아존중감을 키울 수 없어요. 니체는 어떤 일이든 자신의 판단이 옳다고 확신하면 과감하게 실행했어요.

니체는 다른 사람에게 의지하기보다 자신의 생각과 판단을 믿었어.

니체는 아주 어린 나이에 아버지와 남동생을 잃었어. 그 뒤, 어머니와 할머니, 여동생 등 자신을 제외하고는 모두 여자뿐인 집에서 자랐지. 그래서 사람들은 그가 소극적이고 연약할 거라고 여겼어. 하지만 니체는 유약해 보이는 겉모습과 달리 굉장히 독립심이 강한 소년이었어. 고작 열네 살의 나이에 스스로 집을 떠나 기숙학교에 들어가기로 결정할 정도였지.

성인이 된 뒤에도 그는 남의 도움을 받기보다는 스스로 결정해 도전하는 경우가 많았어. 언제나 자신의 판단을 중요하게 생각했고, 옳다고 생각되는 것은 어떤 비난을 받더라도 과감하게 밀어붙였지.

남의 도움을 받지 않고 너 스스로 무언가를 이루어 냈던 경험이 있어?

이것만은 꼭!

프리드리히 니체를 떠올려 봐. 니체는 평생을 여러 가지 병에 시달렸어. 그 때문에 교수 생활의 대부분을 쉬며 보내야 했고, 나중에는 교수직도 그만두고 병을 고치기 위해 환경이 좋은 곳을 찾아 떠돌아다녔어. 보통 사람이었다면 '나는 왜 이렇게 몸이 아픈 걸까?'라며 자기 자신을 원망하거나 많은 것을 포기했을 거야. 하지만 니체는 자기 자신에 대한 강한 확신과 자아존중감이 있었어. 몸이 아플수록 오히려 문학과 철학 연구에 더욱 매진했고, 결국 오늘날의 철학 발전에 엄청난 공헌을 하게 되었어. 시련이 닥치거나 우울한 마음이 들 때면 너를 사랑하는 마음, 너 자신을 자랑스러워하는 마음을 일깨워 봐.

남아공 최초의 흑인 대통령

넬슨 만델라

넬슨 만델라는 남아프리카 공화국 최초의 흑인 대통령이 되어 인종 차별을 없애고 나라를 화해와 통합으로 이끌었어요. 다음은 아버지의 죽음 이후 어린 만델라가 욘긴타바의 부족에서 지냈을 때의 일입니다.

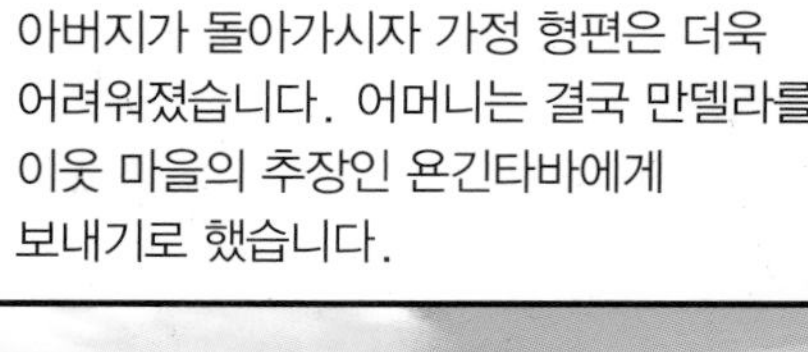
아버지가 돌아가시자 가정 형편은 더욱 어려워졌습니다. 어머니는 결국 만델라를 이웃 마을의 추장인 욘긴타바에게 보내기로 했습니다.

욘긴타바는 만델라 아버지의 도움으로 추장이 된 사람이었습니다. 그는 만델라를 기쁘게 맞았습니다.
어서 오렴. 기다리고 있었다.

넬슨.

네 아버지가 훌륭한 추장이었다는 것은 알고 있지?
내가 이 부족을 이끌게 되기까지도 네 아버지의 도움이 컸단다. 그래서 그 은혜를 갚고 싶구나.
네.

우린 한 가족이다. 이제부터 날 아버지라고 불러라. 내 아들 저스티스와도 형제로 지내고 말이다.
가, 감사 합니다.

대자연 아래 모두는 한 형제지. 서로 돕는 건 당연하단다, 넬슨.

올해는 가뭄 때문에
곡식 수확량이 많지
않습니다. 어떻게
대처할지 미리
생각해 두어야
합니다.

이런 건 추장이 미리
대비했어야 할 문제
아닙니까?
맞습니다. 먼저 추장의
자질에 대해 논의할
필요가 있어요.

아니, 농부가 추장에게
저렇게 말해도 돼?

넬슨, 아버지 말씀 잊었어?
대자연 아래 우리는 모두 한 형제야.
지위와 상관없이 말이야.
그래도 추장이잖아.

모두 똑같다니까?
추장이든 농부든,
노인이든 젊은이든.

욘긴타바의 부족 회의에서 지위와 신분의 차별은
없었습니다. 만델라는 완벽하게 평등한
이 부족 회의를 보고 깊은 감명을 받았습니다.
웅성
웅성
웅성

여러분의 말씀은
잘 들었습니다.
오늘은 시간이 늦었으니
다음에 다시 부족 회의를 열어
결론을 내리겠습니다.

넬슨,
여기서 뭐 하니?

부족 회의가 어떤 건지
궁금해서요.
휴, 졸려서
혼났네.

넬슨, 이분은 우리 왕가의 조언자이신
조이 어르신이다. 아주 현명한 분이시지.
어르신, 이 아이는
얼마 전부터 우리와 함께
살게 된 넬슨입니다.
반갑구나, 넬슨.
네, 어르신.
넬슨은 가들라의 아들이에요.
왕가의 조언자이자 템 부족 추장이었던.
아, 하얀 피부를
가진 사람들이
파면시켰던
젊은 추장 말이로군.
아버지를
아세요?
잘 알지.
전설 속 우리 선조가
다시 태어났다면
네 아버지 같았을
거다.

만델라는 밤늦도록 아프리카의 역사와 영웅들에 대한 이야기를 들었습니다.
이 일을 계기로 만델라의 가슴속엔 부족에 대한 자긍심이 싹트기 시작했습니다.

I. 조목조목 인물 탐험

넬슨 만델라에 관한 다음 글을 읽고 물음에 답하세요.

넬슨 만델라
© South Africa The Good News

넬슨 만델라는 1918년 남아프리카 공화국 움타타 지역의 음베조 마을에서 태어났습니다. 만델라의 아버지는 템부족의 추장으로 마을 사람들의 존경을 한 몸에 받는 훌륭한 지도자였습니다.

만델라는 "대자연 아래 모두 형제이며 평등하다"라는 부족의 가르침을 평생 가슴에 담고 살았습니다. 이 말은, 모든 것은 자연으로부터 왔기 때문에 그 안에 사는 동식물과 사람은 모두 평화롭게 어우러져 살아야 한다는 뜻이에요.

하지만 남아공을 지배한 백인들은 백인과 흑인을 정책적으로 분리하고 흑인을 차별했어요. 만델라는 흑인도 백인과 같이 존중받아야 하고, 차별하거나 차별받는 것은 옳지 않다고 생각했습니다. 그는 인종과 민족의 구별 없이 누구나 자유롭고 평등하게 살 수 있는 사회를 만들기 위해 싸웠어요. 그가 주장한 자유와 평등 정신은 많은 사람들에게 귀감이 되었고, 그는 전 세계적으로 존경받는 사람이 되었습니다.

1964년, 흑인들의 권리를 위해 싸우던 만델라는 힘과 권력을 가진 백인들에 의해 평생 감옥에 갇혀야 하는 '종신형'을 선고받습니다. 만델라를 중심으로 흑인들이 힘을 모으자 이를 무서워한 백인들이 만델라를 가둔 것이지요. 그러나 그 무엇도 만델라의 신념을 꺾지 못했어요. 만델라는 감옥 안에서 행해지는 부당한 대우에 대항하여 싸우기 시작했습니다.

흩어져 있던 흑인들의 생각을 하나로 모으는 만델라의 리더십은 사회에서 흑인 인권 운동을 할 때는 물론, 자유를 억압당한 교도소 안에서도 빛을 발했습니다. 만델라는 교도소 안에 흑인 죄수를 대표하는 모임을 만드는 데에 앞장섰습니다. 그 모임을 '최고 기관'이라 이름 지었고, 만델라 자신이 의장이 되었습니다. 최고 기관은 흑인 죄수들의 처우 개선을 위해 총회를 열었으며, 의견을 모아 간수들에게 요구 사항을 말했습니다. 만델라의 체계적인 조직력을 본 간수들은 크게 감탄했습니다.

수감 중에도 여러 차례 인권상을 받은 만델라는 27년간의 감옥 생활을 끝낸 후, 남아프리카 공화국 최초의 흑인 대통령이 되었습니다. 그는 항상 자신을 소중하게 여겼으며, 강인한 의지와 신념이 있었습니다. 백인들의 탄압으로 고통받았지만,

대통령이 된 뒤 오히려 백인들을 포용했습니다. 만델라는 대통령 임기를 마친 뒤에 고향으로 돌아갔습니다. 그리고 그곳에서 세상을 떠나는 그 순간까지 세계 곳곳에서 벌어지는 부당한 차별에 맞섰습니다. 그가 평생을 바쳐 주장한 자유와 평등의 정신은 앞으로도 영원히 전해질 것입니다.

1 **넬슨 만델라의 직업으로 알맞은 것은 무엇인가요?**

① 환경운동가
② 교도소장
③ 정치인
④ 애니메이터
⑤ 연극배우

2 **넬슨 만델라에 대한 내용으로 알맞은 것은 무엇인가요?**

① 미국의 한 시골 마을에서 태어났다.
② 부모님의 사랑을 받지 못하고 자라났다.
③ 남아프리카 공화국 최초의 백인 대통령이 되었다.
④ 자유와 평등을 위해 평생을 바쳤다.
⑤ 차별을 당연하게 생각했다.

3 **넬슨 만델라가 자신의 인생 목표를 달성할 수 있었던 이유로 가장 알맞은 것은 무엇인가요?**

① 어린 시절 당한 인종 차별
② 감옥에서 겪은 비인간적인 대우
③ 차별을 당연하게 받아들이는 당시 상황
④ 흑인에 대한 인권 존중
⑤ 자신을 소중히 여기는 마음과 강인한 의지와 신념

▶ 정답: 237쪽

Ⅱ. '나'와 넬슨 만델라

STEP 1

자아존중감 이해하기

자신의 가치와 능력을 믿는 마음이 자아존중감이에요. 넬슨 만델라는 어려운 상황 속에서도 항상 자신을 믿었으며, 자신의 신념을 굽히지 않고 적극적으로 행동했습니다. 여러분도 일상에서 자아존중감이 적극적인 행동을 끌어냈던 적이 있나요?

넬슨 만델라는 이랬어.

흑인들의 권리를 위해 싸우던 넬슨 만델라는 힘과 권력을 가진 백인들에 의해 평생 감옥에 갇혀야 하는 '종신형'을 선고받게 돼. 만델라를 중심으로 흑인들이 힘을 모으자 이를 두려워한 백인들이 만델라를 감옥에 가둔 것이지. 하지만 만델라는 낙담하거나 포기하지 않았어. 자신의 신념을 믿고, 감옥 안에서도 옳다고 생각하는 대로 행동했어. 만델라는 감옥 안에서 흑인 죄수들을 상대로 이뤄지는 부당한 대우에 맞서 싸우기 시작한 거야.

너는 어땠어?

생각 쑥쑥

나를 떠올리며 내가 어떤 사람인지 소개해 보세요.

1. 내가 좋아하는 것은 ______________________ 입니다.
2. 내가 싫어하는 것은 ______________________ 입니다.
3. 내가 가장 원하는 것은 ______________________ 입니다.
4. 내가 가장 잘하는 것은 ______________________ 입니다.

STEP 2

자아존중감 높이기

다른 사람의 말이나 생각에 쉽게 흔들리고, 자기 생각에 대한 믿음이 없다면 자아존중감을 기를 수 없어요. 자신을 믿고, 자기 생각을 가치 있게 여기는 것이 무엇보다 중요해요.

넬슨 만델라는 어떤 상황에서도 옳다고 믿는 것을 위해 싸웠어.

넬슨 만델라는 27년간 감옥 생활을 했어. 감옥 안에서 지내면서도 그는 인권을 위한 투쟁을 멈추지 않았어. 그가 로벤섬 교도소에 있을 당시에는 백인 간수들의 차별에 맞서 흑인 죄수들의 처우 개선을 요구하는 단식 투쟁이 벌어졌어. 처음에는 간수들이 오히려 더 많은 일을 시키면서 압박했지만, 흑인 죄수들이 단식을 시작한 지 이틀이 지나자 놀라운 일이 벌어졌어. 백인 간수들이 정부에 자기들의 처우 개선을 요구하며 단식을 시작한 거야. 이 사건은 정부를 놀라게 했고, 결국 남아프리카 공화국 정부는 간수들의 처우 개선, 이어 흑인 죄수들의 처우 개선까지 약속했어. 만델라가 감옥 안의 풍경까지 달라지게 만든 거야.

위기의 순간에 자신을 믿고 성공한 경험이 있어?

이것만은 꼭!

넬슨 만델라를 떠올려 봐. 만델라는 어린 시절부터 흑인이라는 이유로 백인들로부터 온갖 멸시와 천대를 받았지만, 자신도 그들과 똑같은 사람이고 소중한 존재라는 사실을 알았어.
그는 강인한 의지와 신념으로 일생을 인종 차별 폐지를 위해 싸웠어.
넬슨 만델라는 백인들의 탄압으로 고통받았지만, 대통령이 된 뒤 오히려 백인들을 포용했어.
그리고 세상을 떠나는 그 순간까지 세계 곳곳에서 벌어지는 부당한 차별에 맞섰어.
사람은 모두 소중한 존재이므로 우리는 사람을 존중하고 배려하는 사람이 되려고 노력해야 해.
그러면 자연스럽게 다른 사람도 나를 존중할 것이고, 결국 우리 모두 서로를 존중하게 될 거야.

불굴의 항공기 조종사

아멜리아 에어하트

아멜리아 에어하트는 여성 최초로 대서양 횡단 비행에 성공했으며 하와이에서 미국 본토로 향하는 태평양 항로를 개척했습니다. 어린 시절, 아멜리아는 부모님의 든든한 사랑과 응원이 있었기에 밝고 씩씩하게 꿈을 키워 나갈 수 있었습니다.

마을 어른들은 남자아이들과 활발하게 어울리는
아멜리아를 못마땅하게 여겼습니다.

꽈당
다녀왔습니다!

아멜리아, 내가 함부로 뛰어다니지 말라고 했잖니?
죄송해요, 할머니. 그런데 엄마는요?

저녁 시간이 다 됐으니 아마 곧 들어올 게다.

형편이 어려웠던 아멜리아의 가족은 외가에서 지내고 있었습니다. 집을 마련하기 위해 열심히 일하시는 부모님을 대신해 외할머니와 외할아버지께서 아멜리아와 동생 뮤리엘을 돌봐 주셨습니다.

아멜리아의 아버지는 경제적 능력은 부족했지만, 아멜리아와 뮤리엘에게는 한없이 자상했습니다.

당시 여자아이들은 조용하고 얌전한 여성으로 자라야 한다고 교육받았습니다.

아멜리아를 왈가닥으로 키우는 어머니를 동네 사람들이 이해하지 못하는 것도 당연했습니다.

좋을 대로 하세요.
난 아멜리아를 지금처럼
밝은 아이로 키울
테니까요.

뭐, 뭐라고요?
그러니 이제
모두 돌아가
주세요!

여기서 친구들과 함께 야구 하며
재밌게 놀았었는데, 이젠 아무도
내 곁에 없어…….

하루 종일 혼자 시간을 보낸 아멜리아는
힘없이 집으로 돌아갔습니다.

아멜리아, 무슨 일 있었니?
왜 이렇게 기운이 없어?

전 이제 밖에서
뛰어놀지 않기로
결심했어요.

그게 무슨 소리니?
너처럼 활달한
아이가 뛰어놀지
않겠다니.

아멜리아는 언제나 든든한 버팀목이 되어 준 어머니 덕분에 자신감 넘치는 여성으로 성장할 수 있었습니다.

아멜리아 에어하트에 관한 다음 글을 읽고 물음에 답하세요.

1932년에 발간된 아멜리아의 저서 《비행의 즐거움》 표지

1897년 미국에서 태어난 아멜리아 에어하트는 동네 최고의 말괄량이 소녀였습니다. 마을 어른들이 그런 아멜리아를 못마땅하게 여길 정도였어요. 형편이 어려웠던 아멜리아의 가족은 아멜리아의 외가에서 지냈습니다. 집을 마련하기 위해 열심히 일하시는 부모님을 대신해 외할머니와 외할아버지께서 아멜리아와 동생 뮤리엘을 돌봐 주셨지요.

아멜리아는 어려서부터 타고난 모험가였습니다. 썰매를 더 신나게 타고 싶어서 일부러 급경사를 골라서 타고 내려가는가 하면, 일곱 살의 나이에 롤러코스터를 만들어 집에서 타고 놀기도 했습니다.

아멜리아의 부모님은 아멜리아가 씩씩하고 밝게 자라는 것이 중요하다고 생각했습니다. 특히 가난한 변호사였던 아버지 에드윈 에어하트는 그 자신이 여행과 모험을 즐기는 사람이었기에 자식들과도 그런 즐거움을 함께 나누고 싶어 했습니다. 어머니 에이미 에어하트 역시 아멜리아가 당당한 여성으로 자라는 데 중요한 역할을 했습니다.

아멜리아는 뚜렷한 자기 주관을 가지고 흔들림 없이 일을 추진하는 성격을 지니고 있었습니다. 어렸을 적 썰매를 타고 놀 때도, 자동차 정비를 배울 때도, 비행사가 되겠다고 결심했을 때도 아멜리아는 항상 스스로 결정을 내리고 행동에 옮겼지요. 그뿐만 아니라, 제1차 세계 대전 때 캐나다 토론토에서 부상병들을 돌보는 간호사로 봉사활동을 한 것에서 아멜리아가 시대의 아픔을 함께 나누려고 했음을 엿볼 수 있습니다.

아멜리아는 여성으로서는 세계 최초로 스스로 비행기를 조종하여 대서양 횡단에 성공했으며 하와이에서 미국 본토로 향하는 태평양 항로를 개척했습니다. 여성도 자립할 수 있다는 것을 몸소 보여 준 선구자였으며, 당시 경제 대공황에 지쳐 있던 세계인들에게 자신감과 희망을 일깨워 준 존재이기도 했습니다. 그녀는 여성 최초로 미 국립 지리학회의 금메달을 받았으며, 프랑스 정부는 그녀의 군사적 공로를 인정하여 최고 훈장을 수여했습니다.

'창공의 여왕' 아멜리아 에어하트는 1937년 그토록 사랑하던 비행 중 실종되고 맙니다. 세계 일주를 목표로 미국 오클랜드를 출발했지만 하울란드섬 부근에서 사라졌던 것이죠. 하지만 시대를 앞서간 개척자였던 아멜리아가 보여 준 불굴의 도전 정신은 그녀가 힘차게 가르던 하늘 어딘가에 새겨져 있을 것입니다.

1 **아멜리아 에어하트의 직업은 무엇인가요?**

① 썰매 선수
② 선박 조종사
③ 비행기 조종사
④ 변호사
⑤ 정치인

2 **아멜리아 에어하트에 대한 설명으로 옳은 것은 무엇인가요?**

① 영국 정부로부터 최고 훈장을 받았다.
② 하와이에서 미국 본토로 향하는 대서양 항로를 개척했다.
③ 비행기를 조종하여 대서양을 횡단했다.
④ 항상 스스로 결정하는 법이 없었다.
⑤ 어린 시절 형편이 어려워 삼촌과 고모 손에 자랐다.

3 **아멜리아 에어하트가 자신의 인생 목표를 달성할 수 있었던 이유로 알맞지 않은 것은 무엇인가요?**

① 타고난 모험심
② 부모님의 열린 생각
③ 시대정신
④ 경쟁에서 이기려는 마음
⑤ 뚜렷한 주관

▶ 정답: 237쪽

Ⅱ. '나'와 아멜리아 에어하트

STEP 1

자아존중감과 성격

자신의 성격에 긍정적인 가치를 둘수록 자아존중감도 높아집니다. 성격은 남들과는 다른 나만의 특성이며, 습관을 통해 형성돼요. 따라서 성격은 노력하면 얼마든지 좋게 바꿀 수 있어요. 여러분의 성격이 잘 드러났던 때를 생각해 보고 아래에 써 보세요.

아멜리아 에어하트는 이랬어.

아멜리아 에어하트는 1928년 동료 비행사인 슐츠, 고든과 함께 대서양을 횡단했어. 여성 조종사가 대서양을 횡단하는 일은 처음이었기 때문에 그녀는 온 세계의 관심을 한 몸에 받았어. 하지만 아멜리아 에어하트는 이 비행을 진정한 대서양 횡단으로 생각하지 않았어. 대부분 슐츠가 비행기를 조종했고, 아멜리아는 보조적인 역할만 했기 때문이야.

그녀는 4년 뒤인 1932년, 혼자만의 힘으로 대서양을 횡단하기로 결심했어. 주변 사람들은 모두 그녀를 말렸지. 이미 대서양을 횡단한 최초의 여성 비행사라는 명예를 가졌는데 무엇 때문에 위험한 도전에 나서는지 의아했던 거지. 하지만 반드시 혼자 힘으로 대서양을 횡단하겠다는 아멜리아 에어하트의 의지를 아무도 꺾지 못했어.

너는 어땠어?

생각 쑥쑥

일부 낱말과 처음 소리가 다음과 같은 속담은 무엇일까요? 아멜리아 에어하트가 뚜렷한 자기 주관을 가지고 스스로 결정을 내리고 행동했던 것을 떠올리면서 맞혀 보세요.

하늘은 ㅅㅅㄹ ㄷㄴ ㅈㄹ 돕는다.

▶ 정답: 237쪽

STEP 2 나의 장점과 단점 알아보기

● 나의 성격이나 행동에 관해 생각해 보고, 고치고 싶은 점을 써 보세요.

	고치고 싶은 나의 단점	고치고 싶은 이유	습관을 바꾸는 방법
〈보기〉	숙제를 자주 미룬다.	허둥지둥 숙제를 끝내느라 스트레스를 받는다.	숙제를 마친 후 게임을 하거나 친구를 만난다.

● 내가 잘하는 것이나 자신 있게 하는 일을 생각해 보고, 나의 장점을 찾아보세요. 그것이 장점이라고 생각하는 이유를 써 보세요.

	나의 장점	장점이라고 생각하는 이유
〈보기〉	정리를 잘한다.	책상 정리가 잘 되어 있으면, 공부를 바로 시작하기 쉽고, 물건도 잘 잃어버리지 않게 된다.

이것만은 꼭!

아멜리아 에어하트를 떠올려 봐. 그녀는 뚜렷한 자기 주관을 가지고 흔들림 없이 일을 추진하는 성격을 지니고 있었어. 남들이 옆에서 뭐라고 말하든 간에 그녀가 스스로 판단하고 행동할 수 있었던 가장 큰 이유는 자신이 한 말과 행동에 항상 책임을 졌기 때문이야. 항상 스스로 존중하고 자신의 판단을 믿고 자신의 결정에 따라서 행동하고 책임지면, 너의 자아존중감이 높아지고 있다는 것을 스스로 느낄 수 있을 거야.

동화의 아버지

한스 크리스티안 안데르센

한스 크리스티안 안데르센은 어린이만을 위한 이야기가 거의 없던 시절, 동화라는 문학 분야를 개척한 동화 작가입니다. 다음은 상상력이 풍부하고 이야기를 만들며 놀기를 좋아했던 안데르센의 어린 시절에 있었던 일입니다.

안데르센은 실 잣는 방에서 할머니들을 만나는 것을 매우 좋아했습니다. 책에는 나오지 않는 환상적인 이야기를 잔뜩 들을 수 있었기 때문이었습니다.

할머니들에게서 들은 옛날 이야기는 안데르센의 마음에 깊은 인상을 남겼습니다.

안데르센은 들은 이야기를 머릿속으로 재구성하면서 자신만의 상상을 펼쳤습니다.

일곱 살 때 부모님과 함께 본 독일어 연극은 어린 안데르센이 손에 땀을 쥐고 봤을 만큼 흥미진진했습니다. 이 경험은 안데르센이 연극에 관심을 갖게 되는 계기가 되었습니다.

* **리테르** 독일어로 기사　* **자우베러** 독일어로 마녀

안데르센은 겨우 몇 마디만 아는 독일어로 연극의 한 장면을 흉내 내며 놀았습니다.

얼마 후에는 덴마크어로 된 대본을 구해서 다 외우다시피 할 정도로 연극에 빠져들었습니다.

1816년 4월 26일,
정신 착란으로 고통받던 아버지는
결국 숨을 거두고 말았습니다.
이때 아버지의 나이는 겨우
서른네 살이었습니다.

마을 사람들은 아빠가
미쳤다고 놀리며 비웃었어.
아빠는 우리를 위해
애쓰셨던 것뿐인데…….
돌아가신 아빠가
자랑스러워할 만큼
성공할 거야. 아빠도 분명히
그러길 원하실 거야.

아버지의 비참한 죽음은 안데르센에게
두려움을 심어 주었습니다.
재 할아버지도 미쳤었지?
할아버지와 아빠가 둘 다
미치는 경우는 흔치 않은데,
혹시 집안 내력 아니야?
그럼 저 애도
혹시……?
그러고 보니 재도
혼자 중얼거리며
돌아다니곤 하더라.

약해지지 말자!
난 기필코
성공할 거야. 그래서
상류층 사람들처럼
존경받는 사람이
될 거야.

이때부터 안데르센은
사람들에게 인정받으려고
필사적으로 노력했습니다.
상류층 사람들과 친분을
쌓기 위해 그들의 집을
방문하기도 했습니다.
너희 친척 중에
궁에 드나드는
작가가 있다며?
소개시켜 줄래?
글쎄, 물어보고
연락해 줄게.

그러나 겉으로 보이는 행동과 달리 안데르센은
점점 더 소극적이고 우울해졌습니다.

아버지를 잃은 상실감이 너무 컸던 것입니다.
아빠…….

안데르센은 혼자 있을 때에는 조용히 책을 읽거나 인형극을 하며 허전한 마음을 달랬습니다.
마녀의 숲에서 고통받는 공주를 구해 내리라!

어랏? 그런데 생각나는 대로 하니까 이야기가 뒤죽박죽이 되네.

그렇다면 내가 대본을 직접 써 볼까?

용감한 왕자님이시여, 저를 좀 도와주세요. 저는 이 나라의 공주인데…….

윽, 이건 아닌 것 같아. 너무 시시하잖아.
대사를 좀 더 재미있게 바꿔 봐야지.

잠깐! 어째서
항상 왕자가
공주를 구하지?

반대로 하녀가
왕자님을 구하면
더 흥미진진해지지
않을까?

사람들은 혼자서 인형을 가지고 이야기를
만들며 노는 안데르센을 이상하다고
생각했습니다. 하지만 이 인형 놀이야말로
훗날 안데르센의 상상력과 연기력의
바탕이 된 훌륭한 학습이자 재능의
원천이었습니다.

I. 조목조목 인물 탐험

한스 크리스티안 안데르센에 관한 다음 글을 읽고 물음에 답하세요.

안데르센은 창작 동화라는 문학 분야를 크게 발전시켰습니다.

한스 크리스티안 안데르센은 1805년 가난한 구두 수선공 한스 안데르센과 허드렛일을 하는 안네 마리 안데르스다테르 사이에서 외아들로 태어났습니다. 안데르센의 아버지는 문학을 좋아해서 어린 안데르센에게 늘 책을 읽어 주었습니다. 안데르센의 어머니는 글을 읽을 줄은 몰랐지만 마을에 전해지는 전설을 많이 알고 있었습니다. 이렇게 부모님에게서 신기한 이야기를 많이 들었던 안데르센은 누구보다도 상상력이 풍부한 아이로 자랐습니다.

안데르센이 아직 어렸을 때, 할아버지에 이어 아버지도 정신병에 걸리고 결국 불행하게 사망하자 안데르센은 큰 상실감에 빠집니다. 심지어 사람들은 안데르센도 할아버지와 아버지처럼 정신병에 걸릴지 모른다고 생각했지요. 안데르센은 보란 듯이 성공해서 사람들의 생각이 틀렸다는 것을 보여 주기로 다짐했습니다.

안데르센은 여러 가지 예술 분야에서 재능을 드러냈습니다. 목소리가 좋아서 시 낭독과 노래를 잘했고, 풍부한 상상력으로 환상적인 글을 쓰기도 했습니다. 비록 외모는 볼품없었지만, 자신의 예술적인 재능은 누구보다 뛰어나다고 믿었습니다. 언젠가 세상이 자신을 알아줄 날이 반드시 올 것이라고 믿고 필사적으로 노력했습니다.

안데르센은 재능이 무너져 가는 아픔을 겪기도 했습니다. 변성기를 겪으면서 아름다운 목소리를 잃었고, 기초가 부족하다는 이유로 정성껏 쓴 글이 쓰레기 취급을 받기도 했습니다. 심지어 후원자들조차 등을 돌려 생활고에 시달리기도 했습니다. 하지만 모든 걸 포기하고 고향으로 내려가야 할 상황에서도 안데르센은 계속 도전했고, 결국 최초의 창작 동화 작가로서 불멸의 이름을 남겼습니다.

한편, 가난한 시골 마을 출신의 안데르센이 각 나라를 대표하는 예술가, 유명 인사들과 친분을 쌓을 수 있었던 이유는 그가 겸손한 성격을 가지고 있었기 때문입니다. 안데르센은 성공을 열망했지만, 성공했다고 오만해지거

나 거드름을 피우지 않았습니다. 오히려 누구보다도 자신을 낮출 줄 알았습니다.

1875년, 안데르센은 절친한 친구 멜키오르 가족의 보살핌 속에서 편히 눈을 감았습니다. 안데르센은 세계 최초의 창작 동화 작가였고, 어른들에 국한된 문학을 아이들에게까지 전파한 선구자였습니다. 그가 죽은 지 한 세기가 훨씬 지난 지금까지도 안데르센의 동화는 연극, 영화, 만화 등 다양한 형태로 만들어져서 전 세계 어린이의 사랑을 받고 있습니다.

1 **안데르센의 직업은 무엇인가요?**

① 무역 업자
② 항해사
③ 동화 작가
④ 탐험가
⑤ 요리사

2 **안데르센에 대한 설명으로 옳은 것은 무엇인가요?**

① 멋진 외모로 사람들에게 관심을 받았다.
② 최초의 창작 동화 작가이다.
③ 정신병에 걸려 죽었다.
④ 성공한 후 오만해지고 거드름을 피웠다.
⑤ 아이들에게 국한된 문학을 어른들에게 전파했다.

3 **안데르센이 자신의 인생 목표를 달성할 수 있었던 이유로 알맞지 않은 것은 무엇인가요?**

① 유명한 예술가들과의 친분
② 자신에 대한 믿음과 확신
③ 인정받고 싶은 열망
④ 포기하지 않는 도전정신
⑤ 유명해지고도 변함없는 겸손함

▶ 정답: 238쪽

Ⅱ. '나'와 한스 크리스티안 안데르센

STEP 1

자기 확신 갖기

자기 확신이 있는 사람들의 자신감은 자부심이나 우월감에서 나오는 것이 아닙니다. 자신에 대한 이해를 바탕으로 자신을 관찰하고 평가하여 자신감을 얻는 것이죠. 여러분은 자기 확신이 어느 정도 있나요? 구체적으로 설명해 보세요.

한스 크리스티안 안데르센은 이랬어.

안데르센은 가난했지만 배움에 열정적이었고, 자신의 예술적인 재능을 굳게 믿었어. 그런 안데르센을 비웃고, 심지어 때리거나 괴롭히는 친구도 있었지만 언젠가 세상이 자신을 알아줄 날이 올 것이라고 믿고 더욱 노력했지.

변성기로 인해 달라진 목소리와 못생긴 외모 때문에 극단에서 쫓겨났어도 단 한 번도 자신의 재능을 의심하지 않았고, 자기 글을 욕하는 사람이 있어도 글쓰기를 포기하지 않았어.

그 결과 안데르센은 자신이 쓴 글을 대중에게 알릴 수 있는 절호의 기회를 잡았고, 영원히 이름을 남기기 위한 첫발을 내디딜 수 있었지. 안데르센은 자기 확신을 갖고, 자신의 장점과 능력을 잘 알고 끝까지 노력한다면 성공할 수 있다는 걸 보여 주었어.

너는 어때?

생각 쑥쑥

일부 낱말과 처음 소리가 다음과 같은 속담은 무엇일까요? 자신에 대한 강한 믿음을 갖고 글쓰기를 포기하지 않고 동화 작가로 성공한 안데르센을 떠올리면서 맞혀 보세요.

뜻이 ㅇㄴ ㄱㅇ ㄱㅇ 있다.

▶ 정답: 238쪽

'나 전달법'으로 말하기

'나 전달법'은 상대방의 행동이 나에게 어떤 생각이나 느낌을 주는지 솔직하게 표현하는 방법입니다. 나 전달법을 사용하면 상대방에게 나의 의도가 더 부드럽게 전달되어 상대방의 마음을 존중한다는 느낌을 줍니다. 〈보기〉처럼 주어진 상황에 맞춰 '나 전달법'으로 친구에게 내 생각을 전달해 보세요.

상황 / 나 전달법	〈보기〉 친구가 거짓말을 해서 다투었을 때	친구가 내 별명을 부르며 놀렸을 때
1. 친구의 행동이나 상황을 있는 그대로 말한다	너는 나에게 거짓말을 했어.	
2. 친구의 행동에서 내가 느낀 감정과 나에게 주는 영향을 말한다.	믿었던 네가 나를 속였다는 사실에 나는 무척 슬프고 속상했어.	
3. 내가 원하는 것을 구체적으로 말한다.	네가 나에게 사과했으면 좋겠어. 그리고 앞으로는 서로 거짓말하지 않는 좋은 친구 사이가 되었으면 좋겠어.	

이것만은 꼭!

안데르센을 떠올려 봐. 안데르센은 모든 걸 포기할 법한 상황이 닥쳐도 자신을 믿고 계속 도전했어. 신문사 등에 보낸 글이 반송되어도 실망하지 않고 다른 곳에 보냈고, 문법 학교에 다닐 때 글쓰기를 금지당하자 10킬로미터나 떨어진 다른 마을의 독서 모임에 가서 글을 못 쓰는 고통을 해소했어. 다른 사람들에게 믿음을 주기 위해서는 자기 자신을 믿는 것이 중요해. 작은 일에서부터 한 가지씩 스스로 약속하고 그 일을 이루어 나간다면 자신에 대한 믿음, 자기 확신을 가질 수 있을 거야.

현대 무용의 창시자

이사도라 덩컨

이사도라 덩컨은 전통 무용에서는 찾아볼 수 없는 창의적인 표현 방식을 선보여 현대 무용의 개척자로 불립니다. 다음은 예술 감각이 남달랐던 이사도라 덩컨의 어린 시절을 엿볼 수 있는 일화입니다.

어린 이사도라는 작고 허름한 집에서 어머니의 따뜻한 보살핌과 형제자매들의 사랑을 받으며 무럭무럭 자랐습니다.
그러던 어느 날, 이사도라가 집 앞 공터에서 나무가 바람에 흔들리는 모습을 보고 몸으로 따라 표현하는 일이 있었습니다.

이사도라가 이번에는
네발로 강아지를
쫓아가고 있어요!

이사도라는 강아지의 동작을 똑같이 흉내 냈습니다.

이사도라는 아픈 게
아니야. 사물을
흉내 내는
거야.

정말요?
다행이다.

어린 나이에
저만큼 흉내를
잘 내다니.
이사도라는 뭔가
특별해.

아아, 로미오! 당신은 어째서 로미오인가요!
줄리엣!
예술을 좋아하는 어머니의 영향을 받아서인지 이사도라 형제자매들은 전문적인 교육을 받지 않았음에도 불구하고 남다른 예술적 감각을 지니고 있었습니다.

오거스틴은 연기에 소질을 보였고, 엘리자베스와 레이먼드는 춤을 잘 췄습니다. 어린 이사도라도 오빠와 언니를 따라 춤을 추곤 했습니다.

난 혼자니까 다른 춤출래!

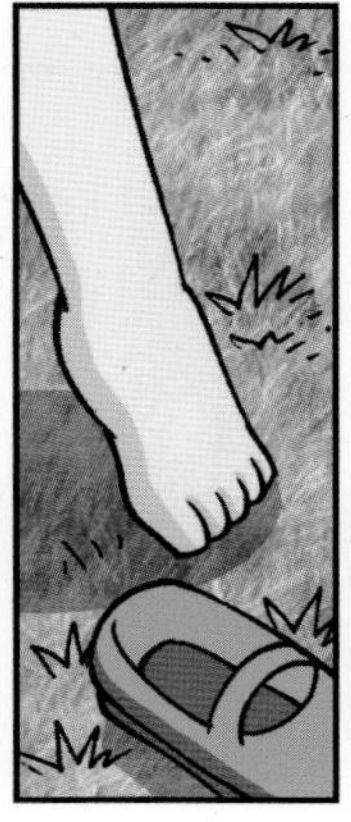

이사도라, 왜 맨발로 춤을 추니? 발 다치면 어쩌려고.

어려운 가정 형편 때문에 정식으로 춤을 배울 수 없었던 이사도라는 어려서부터 숲과 바다를 돌아다니며 자연 속에서 몸을 움직이는 것을 좋아했습니다.

지금 나는 연못 위를 떠다니며 춤추는 요정이에요!

형식을 중요하게 여기는 발레와 달리 이사도라의 춤은 매우 자연스럽고, 감정이 그대로 드러났습니다. 춤에 대한 지식이 없는 사람이 볼 때도 이사도라가 무엇을 표현하는지 금방 알 수 있을 정도였습니다.

이사도라는 여섯 살 무렵에
자기보다 어린 아이들을 모아 놓고
춤을 가르쳤습니다.
소꿉놀이 같던 이 무용 학교는
놀랍게도 그 뒤로 10년이 넘도록
이어졌습니다.

자, 1달러!
어째서 돈을 주세요?
심지어 몇 년 뒤에는 교습비까지 주는
어른이 생겼을 정도였습니다.

선생님한테 교습비는 당연한 거 아니니. 게다가 네 덕분에 우리 아이들이 놀 곳도 생겼고.

앞으로도 잘 부탁한다!
고맙습니다!

이사도라는 무용 학원에 다닌 경험이 없었습니다. 하지만 동네 꼬마들을 가르친 이 경험은 훗날 유럽에서 무용 학교를 만들 때에 큰 도움이 되었습니다.

동작을 우아하게!
하나! 두울! 세엣!

I. 조목조목 인물 탐험

이사도라 덩컨에 관한 다음 글을 읽고 물음에 답하세요.

현대 무용의 선구자, 이사도라 덩컨

1877년 미국 샌프란시스코에서 태어난 이사도라 덩컨은 형식에만 치우쳐 있던 발레 대신 자유로운 형식의 창작 무용을 예술의 영역까지 끌어올린 인물이에요. 이사도라 덩컨의 활약으로 창작 무용은 한 단계 더 나아가 현대 무용으로 발전하게 되었습니다.

이사도라 덩컨의 춤은 무용뿐 아니라 여성들의 사회 활동에도 영향을 주었어요. 그녀의 무용을 통해 예술가들은 더욱 다양한 창작의 영감을 얻었고, 무용에서 음악이 빠질 수 없는 요소로 등장하게 되었습니다. 이렇게 현대 예술과 사회에 큰 영향을 미친 이사도라 덩컨은 현대 무용의 상징과도 같습니다.

어려서부터 당차고 자유분방한 성격이었던 이사도라 덩컨은 자기 재능에 대해 누구보다도 자부심을 가졌습니다. 그래서 노력한다면 아무리 어려운 일이 있어도 성공할 수 있다고 생각했습니다. 그런 자기 확신이 있었기에 낯선 외국으로 떠나거나 새로운 무대에서 처음부터 다시 시작하는 일을 망설이지 않았고, 기존 예술계의 비판이나 반대에도 휘둘리지 않고 용기를 가지고 자기의 예술을 고집했습니다.

하지만 이사도라 덩컨은 자기 예술만을 고집하는 데 그치지 않고 기존의 예술에서 좋은 점을 발견하면 받아들일 줄도 알았습니다. 이것은 다른 형식의 무용에 배타적이었던 당시의 무용수들과는 전혀 다른 점이었습니다.

이사도라 덩컨의 예술에 대한 사랑은 무용에만 한정되지 않았습니다. 그녀는 세계의 어느 곳을 가더라도 관광지보다는 박물관과 도서관에서 지내는 시간이 더 많을 정도로 예술을 사랑했습니다. 문학, 그림, 음악, 연극 등 예술 전반에 대한 지식도 풍부했어요. 만약 이사도라 덩컨이 음악에 대해 잘 몰랐다면 연주자의 곡을 즉석에서 해석해 그것을 춤으로 표현하지 못했을 것입니다.

이사도라 덩컨은 괴롭고 힘들어도 현실을 외면하기

보다 희망이 있다고 믿고 노력했습니다. 며칠을 굶어도 춤을 출 수 있는 체력이 남아 있다는 사실에 기뻐했고, 심지어 화재가 발생해도 오히려 더 넓은 무대로 나아갈 수 있는 계기가 됐다며 희망을 가졌습니다. 전쟁으로 모든 것을 잃었을 때도 자기 춤을 보고 즐거워하는 사람들을 보며 행복해했습니다.

죽는 날까지 불꽃같던 삶을 살았던 이사도라 덩컨. 20세기 들어 발전한 새로운 무용 중에 그녀의 영향을 받지 않은 것은 없습니다. 그래서 이사도라 덩컨을 '현대 무용의 어머니'라고도 합니다.

1 **이사도라 덩컨의 직업은 무엇인가요?**

① 음악가
② 무용가
③ 언론인
④ 소방관
⑤ 경찰

2 **이사도라 덩컨에 대한 설명으로 옳은 것은 무엇인가요?**

① 기존의 무용을 그대로 따라 했다.
② 예술계의 비판이나 반대에 휘둘렸다.
③ 현대 무용의 어머니라고 불린다.
④ 성격이 조용하고 얌전했다.
⑤ 고집이 세서 다른 좋은 점은 받아들이지 않았다.

3 **이사도라 덩컨이 자신의 인생 목표를 달성할 수 있었던 이유로 알맞지 <u>않은</u> 것은 무엇인가?**

① 용기와 자기 확신
② 자유분방한 성격
③ 예술에 대한 사랑
④ 긍정적인 마음
⑤ 괴롭고 힘든 현실 외면

▶ 정답: 238쪽

Ⅱ. '나'와 이사도라 덩컨

STEP 1

자아존중감 이해하기

자아존중감이 있는 사람은 자신의 능력을 믿고 바라는 것은 무엇이든 이룰 수 있다고 생각합니다. 여러분은 어떤 일에 자신이 있나요? 또는 어떤 일에 도전하고 싶나요? 그 일을 위해 어떤 노력을 하나요?

이사도라 덩컨은 이랬어.

이사도라 덩컨은 어렸을 때 매우 가난했어. 하지만 가난 때문에 주눅 들거나 움츠러들지 않았어. 워낙 당찬 성격이어서 열 살도 안 된 나이에 어머니나 형제들을 대신해 장사를 하거나 외상을 얻어 오는 것을 도맡아 할 정도였어. 이러한 이사도라 덩컨의 용기는 자기 확신이 있었기 때문이야.

이사도라 덩컨은 자기 재능에 대해 자부심이 있었어. 그리고 노력한다면 반드시 성공할 수 있다고 믿고 용감하게 새로운 시도들을 했어. 기존 예술계의 비판이나 반대에도 흔들리지 않았지. 실패를 두려워하지 않고 자신의 예술을 고집하는 용기가 있었기에 이사도라 덩컨은 역사에 이름을 남긴 무용가가 될 수 있었어.

너는 어때?

생각 쑥쑥

일부 낱말과 처음 소리가 다음과 같은 속담은 무엇일까요? 자신에 대한 강한 믿음을 갖고 꾸준히 노력하고 도전했던 이사도라 덩컨을 떠올리면서 맞혀 보세요.

ㅊ ㄹ ㄱㄷ ㅎ ㄱㅇ부터

▶ 정답: 238쪽

나를 사랑하기

나를 사랑하는 것은 나를 있는 그대로를 받아들이고 소중하게 여기는 것이에요. 밑줄 친 '나'를 내 이름으로 바꿔서 큰 소리로 읽어 보세요.

나

나는(은) 위대한 사람입니다.
나는(은) 위대한 사람입니다.
나의 눈은 아름다운 꿈의 빛으로 가득합니다.
나의 발은 스스로 세상을 향해 나아갑니다.
나의 입은 다른 사람의 영혼을 맑게 해 줍니다.
나는(은) 위대한 사람입니다.
나는(은) 나의 생각을 다른 사람에게 펼쳐 보일 수 있고 다른 사람의 마음을 간직할 수 있습니다.
나는(은) 위대한 사람입니다.
이 세상에서 하나뿐인 나이기 때문입니다.

이사도라 덩컨을 떠올려 봐. 이사도라 덩컨의 용기는 자기 확신에서 시작되었어. 자신의 재능을 굳게 믿고, 어떤 어려움도 극복하고, 꿈을 향해 용감하게 나아갔지. 하고 싶거나 해야 하는 일이 있는데 망설여진다면 일단 자신을 믿고 용기를 내서 시도해 봐. 시도만 해도 절반은 성공한 거나 다름없을 테니.

모범 답안

1강 동기 ① 라이트 형제

I. 조목조목 인물 탐험

1 ③ 2 ⑤ 3 ⑤

II. '나'와 라이트 형제

[STEP 1] **동기 이해하기**

나는 텔레비전에서 동물과 가족처럼 지내고 동물의 행동이나 소리만으로도 무엇을 원하는지 다 아는 사람들의 모습을 보고, 동물과 이야기를 나누는 것에 관심을 두게 되었어. 동물이 내는 소리가 무슨 의미인지 알 수 있게 해 주는 기계를 만들어 보면 좋겠다는 생각이 들었어.

[생각 쑥쑥]

열 번 찍어 안 넘어가는 나무 없다.

[STEP 2] **나만의 동기 찾기**

너는 왜 (화초 키우기)를 해?

나는 화초 키우기를 좋아해. 잊지 않고 물을 주고 온도나 습도를 조절해 주는 것이 힘들 때도 있지만, 내가 관심을 쏟은 만큼 건강하게 자라서 새 잎사귀가 돋아나고 꽃이 피는 걸 보면 정말 행복해. 상이나 돈 또는 칭찬을 받기 위해서 하는 일도 아니고 누가 시켜서 하는 일도 아니야. 그저 내가 하고 싶어서 하는 일이야. 바로 나만의 동기가 있는 일인 것이지.

2강 동기 ② 에이브러햄 링컨

I. 조목조목 인물 탐험

1 ④ 2 ⑤ 3 ④

II. '나'와 에이브러햄 링컨

[STEP 1] **동기 이해하기**

나는 키가 작고 어릴 때부터 운동을 잘 못했어. 그런데 춤을 잘 추는 친구들을 보니까 멋지게 춤을 추고 싶다는 생각이 들었어. 그래서 매일 아침 시간을 정해 놓고 연습을 했어. 가족과 함께 여행을 가서도 숙소에서 춤 연습을 했고, 몸이 아플 때도 연습을 했어. 그래서 지금은 우리 반에서 제일 춤을 잘 추게 되었어.

[생각 쑥쑥]

국민, 국민, 국민

[STEP 2] **동기 유지하기**

따뜻한 마음, 사랑하는 가족, 나를 사랑하는 마음 등

3강 동기 ③ 광개토 대왕

I. 조목조목 인물 탐험

1 ④ 2 ② 3 ③

II. '나'와 광개토 대왕

[STEP 1] **동기와 만족 지연**

- 나는 만족 지연 능력이 높은 것 같아. 한번은 과제를 하던 중에 배가 고파졌어. 하지만 내가 흥미를 갖고 있고 잘하고 싶은 주제라서 배고픔을 참고 끝까지 해냈어. 그때 참 뿌듯했어.
- 나는 만족 지연 능력이 조금 부족한 듯해. 공부하다가도 친구가 게임을 하자고 하면 바로 그러자고 하는 편이거든. 이제부터라도 고쳐보아야겠어.

[STEP 2] **동기와 용기 있는 행동**

나는 기자가 되어 사람들에게 정보를 정확하게 알리는 일을 하고 싶어. 그래서 사람들 앞에서 말하거나 사회 문제에 관심을 두는 것을 두려워하지 않고 용기를 가지려고 해.

[STEP 3] **동기를 발전시키는 힘**

광개토 대왕은 고구려만의 연호를 사용했어요. 연호는 한 황제가 다스리는 시기에 붙이는 이름으로, 보통 중국 황제만 만들어 쓰던 것이에요. 광개토 대왕이 연호를 사용했다는 것은 고구려가 중국의 눈치를 보지 않고 연호를 붙일 만큼 강력한 나라로 성장했으며, 이에 강한 자부심을 갖고 있었음을 보여주지요. 광개토 대왕이 사용한 연호는 '영락(永樂)'이에요. 영락이란 영원한(永) 즐거움(樂)을 뜻하는데, 오래도록 백성을 즐겁고 평안하게 하겠다는 광개토 대왕의 마음이 담겨 있답니다.

4강 동기 ④ 버지니아 울프

I. 조목조목 인물 탐험

1 ① 2 ① 3 ④

II. '나'와 버지니아 울프

[STEP 1] **동기 이해하기**

- 내가 좋아하는 역사를 더 잘 알고 싶어서 수업 시간마다 꼼꼼하게 배움 공책에 정리하고, 매일 복습하는 습관을 들였어.
- 달리기 기록을 단축하고 싶어서 매일 저녁 운동장에서 달리기 연습을 했어. 결국, 기록을 단축했어.
- 책을 읽는 힘을 기르고 싶어서 매일 아침 독서 시간에 늦지 않았고, 집중하여 책을 읽었더니 올해 읽은 책이 벌써 10권도 넘어.

[STEP 2] 자기 관리 연습하기

아침에 일어나자마자 하루 계획 세우기, 용돈 기입장 쓰기, 매일 정해진 분량만큼 책 읽기 등

[STEP 3] 자기 충족적 예언

미래의 내 이름표

약자를 돕는 똑똑한 변호사 ○○○

나의 다짐

변호사가 되기 위해 책을 많이 읽고, 발표 연습을 많이 할 거예요.

5강 동기 ⑤ 루트비히 판 베토벤

I. 조목조목 인물 탐험

1 ② 2 ③ 3 ④

II. '나'와 루트비히 판 베토벤

[STEP 1] 동기 유지하기

- 나는 부모님의 건강이 좋지 않으셔서 늘 걱정이야. 부모님께서 지원해 주시지 못해도 내가 열심히 노력해서 부모님께 도움이 되는 사람이 되고 싶어. 내게는 끈기와 열정이 있으니까.
- 나는 체력이 약해서 쉽게 피곤해지고 지치는 편이야. 하지만 공부에 집중해서 유능한 연구원이 되고 싶어. 내게는 과학에 대한 열정이 있기 때문이야.

[STEP 2] 시간 활용 잘하기

- 내가 하고 싶은 분야에 관해 더 깊게 알아보고 싶어.
- 다른 사람을 돕는 의미 있는 활동에 시간을 쓰고 싶어.

[STEP 3] 성실함 갖추기

요일	지난주에 한 일	○/×
월요일	책을 읽었다.	○
화요일	일기를 썼다.	○
수요일	체육 시간에 피구를 했다.	○
목요일	사회 조사 과제를 모두 끝냈다.	○
금요일	친구와 보드게임을 했다.	○
토요일	집에서 동생을 돌봤다.	○
일요일	생신을 맞이하신 할머니께 편지를 썼다.	○

6강 동기 ⑥ 알렉산더 플레밍

I. 조목조목 인물 탐험

1 ① 2 ③ 3 ④

II. '나'와 알렉산더 플레밍

[STEP 1] 내재적 동기 알아보기

만약 목표 없이 살아간다면 알렉산더 플레밍처럼 하는 일이 지루해지고 행복하지도 않을 거야. 또한, 쉽게 지치고 보람도 느낄 수 없겠지. 내재적 동기를 꺼내어 무언가를 위해 노력한다면 힘들어도 즐겁고 보람 있는 삶이 될 것 같아.

[생각 쑥쑥]

㉮ 환경 ㉯ 결과

[STEP 2] 꼼꼼하게 관찰하고 분석하기

나는 동물에 관심이 많아. 그래서 틈나는 대로 주변에서 볼 수 있는 동물들의 생김새, 생활 모습, 특징 등을 관찰하고 기록하고 있어. 이렇게 하다 보니 동물들 사이의 공통점과 차이점을 저절로 알게 되었어. 우리와 함께 생활하는 반려동물도 얼핏 보면 다 비슷한 것 같지만, 꼼꼼히 살펴보면 하나하나 다른 점이 아주 많아. 이러한 관찰력을 살릴 수 있는 일을 나의 꿈으로 삼아서 도전할 거야.

7강 동기 ⑦ 장보고

I. 조목조목 인물 탐험

1 ④ 2 ③ 3 ③

II. '나'와 장보고

[STEP 1] 동기와 목표 세우기

장래 희망

- 나는 유튜버가 되고 싶어.
- 나는 야구 선수가 되고 싶어.

위와 같은 장래 희망을 선택한 이유

- 자신이 생각한 것을 영상으로 표현해서 사람들과 공유하고 알리는 게 멋져 보였어.
- 나는 야구를 할 때 가장 즐겁고 행복해. 그래서 야구 선수가 되고 싶어.

장래 희망을 이루기 위해 내가 하는 노력

- 내가 관심 있는 분야의 유튜버 영상을 꾸준히 찾아보고 관련된 책을 읽었어.
- 어린이 야구단에 가입해서 야구 연습을 하고 있어.

[생각 쑥쑥]

① 나 자신이 자랑스럽고 행복할 것이다. / 하고 싶었던 것을 늘 하게 되었으니 신나고 기쁠 것이다.

② 네가 하고 싶은 것을 찾아서 꾸준히 노력했기 때문에 장래 희망을 이룰 수 있었어. 너를 응원해. / 네가 생각한 대로 지치지 말고 추진하렴. 좋은 결과가 있을 거야.

[STEP 2] **자기 충족적 예언과 성공 경험**

어떤 활동이나 일을 잘 해낸 경험이 있나요?

피아노를 열심히 연습해서 대회에서 완벽하게 연주했어요.

가장 잘하는 것은 무엇인가요?

달리기

위의 일을 잘하는 나만의 비법은 무엇인가요?

팔을 높게 올리고 하늘을 난다고 생각하면, 빠르게 달릴 수 있어요.

8강 인지 ① 스티븐 호킹

I. 조목조목 인물 탐험

1 ③　2 ②　3 ④

II. '나'와 스티븐 호킹

[STEP 1] **인지 이해하기**

거미가 거미줄을 치는 방법이 궁금했던 적이 있었어. 특히 제일 처음에 줄을 칠 때 어떻게 시작하는지는 도저히 모르겠더라고. 그래서 인터넷을 검색해 보니 그 방법이 자세히 나와 있었지. 그 글을 읽고 다시 거미가 줄을 치는 모습을 관찰해 보니 이해가 잘 됐어.

[생각 쑥쑥]

파랑

[STEP 2] **인지 능력 높이기**

나는 계산 문제 같은 논리적인 문제를 푸는 것을 좋아하는데, 가끔 문제를 잘못 읽거나 빨리 풀려고 하다가 실수할 때가 있어. 그래서 앞으로는 문제를 더 꼼꼼하게 읽기 위해 밑줄을 치면서 읽으려고 해. 그리고 시간이 나면 반드시 한 번 더 천천히 읽으면서 문제를 검토하는 습관을 들이려고 노력할 거야. 그러면 실수로 문제를 잘못 이해하는 일이 많이 줄어들 것 같아.

9강 인지 ② 장 앙리 파브르

I. 조목조목 인물 탐험

1 ①　2 ②　3 ③

II. '나'와 장 앙리 파브르

[STEP 1] **인지 이해하기**

봄철에 학교에서 꽃에 관한 수업을 한 적이 있었어. 내가 아는 꽃은 장미 정도였는데 선생님의 설명을 듣고 보니 학교 정원에도 여러 가지 꽃이 있더라고. 그리고 꽃은 꽃잎의 수, 꽃잎의 모양이나 색깔, 나무의 모양에 따라서 구별할 수 있다는 사실도 알게 되었어. 선생님이 다섯 종류의 꽃을 찾아서 사진을 찍어 오라는 과제를 내주셨어. 나는 거의 30분간 꽃을 찾아다닌 끝에 과제를 마칠 수 있었어. 그 후로 꽃에 관심이 생겨서 집으로 돌아가는 길에 일부러 다른 꽃들도 찾아보고 꽃 이름도 검색해 보곤 했던 기억이 있어.

[STEP 2] **주의력 기르기**

매일 시간을 정해 놓고 책을 읽겠다고 마음먹었지만, 막상 책을 펼치면 이상하게 다른 것이 하고 싶어져. 물도 마시고 싶고, 군것질도 하고 싶고, 스마트폰도 하고 싶고. 그래서 새롭게 결심했어! 이제 책을 볼 때는 책에만 집중할 수 있도록 화장실은 미리 다녀오고, 필요한 것도 곁에 가져다 놓고, 스마트폰은 꺼 놓거나, 멀리 치워두려고 해.

10강 인지 ③ 장영실

I. 조목조목 인물 탐험

1 ⑤　2 ⑤　3 ①

II. '나'와 장영실

[STEP 1] **인지 이해하기**

지난 주말에 점심으로 먹으려고 라면을 끓였어. 라면을 다 끓인 다음 냄비째 식탁에 들고 왔는데 냄비 받침이 안 보이는 거야. 라면이 불을까 봐 마음이 조급해져서 잠시 이러지도 저러지도 못하고 있었지. 그때, 냄비 받침은 보통 뜨거운 성질이 전해지지 않는 물질로 만드니까 비슷한 역할을 할 만한 것을 주위에서 찾아보면 되겠다는 생각이 들었어. 마침 오래된 두꺼운 책이 보이기에 냄비 받침 대신 사용했어. 그런데 라면을 다 먹고 나서 보니 책 표지가 냄비 바닥에 달라붙어 있는 거야. 내가 한 가지 사실을 놓친 거지. 냄비 받침으로 쓰려면 뜨거운 열에도 녹지 않는 것이어야 한다는 사실 말이야.

[생각 쑥쑥]

③

[STEP 2] **집중력 기르기**

- 나는 집중할 수 있는 환경을 만드는 것이 중요하다고 생각해. 무언가에 집중하려면 우선 주변이 정리 정돈되어 있어야 해.
- 꾸준히 한 가지에 집중하는 훈련도 해 보려고 해. 집중하는 동안에는 다른 일은 전혀 하지 않으려고 노력할 거야. 사실 나는 음악을 들으면서 공부하는 습관이 있었는데, 집중에 방해될 때가 많더라고. 앞으로는 공부든 운동이든 무언가를 할 때 최선을 다해 집중할 거야.

11강 몰입 ① 이순신

I. 조목조목 인물 탐험

1 ⑤ 2 ④ 3 ②

II. '나'와 이순신

[STEP 1] 몰입 이해하기

- 책을 펼쳤는데 너무 재미있어서 그 자리에서 책 한 권을 다 읽은 적이 있어.
- 줄넘기 대회에 나가기 위해서 열심히 연습한 적이 있었는데, 그때마다 연습을 마치고 나면 시간이 생각보다 많이 지나 있었고, 그제야 옷이 땀으로 흠뻑 젖은 것을 알았어.
- 주말에 놀이공원에 갔던 일을 떠올리며 그림을 그렸는데 그림을 다 그릴 때까지 한 번도 다른 생각을 하지 않고 그림 그리기에만 집중했던 적이 있어.

[STEP 2] 몰입 연습하기

그림 그리기 연습, 축구 연습, 요리 연습, 글쓰기 연습 등

[STEP 3] 몰입할 때 주의할 것

- 동생이 자꾸 말을 걸어서 방해했어.
- 나도 모르게 자꾸 게임을 하고 싶어져서 힘들었어.
- 주변이 너무 시끄러워서 집중하기가 어려웠어.
- 친구와 놀고 싶어져서 중간중간 딴생각을 했어.
- 숙제가 너무 많아서 시간이 부족했어.
- 부모님이 빨리 씻고 자라고 말씀하셔서 어쩔 수 없이 중단해야 했어.
- 부모님이 독서와 공부를 먼저 하라고 하셔서 집중하기 어려웠어.
- 감기에 걸려서 기침이 나고 아파서 제대로 할 수 없었어.

12강 몰입 ② 윈스턴 처칠

I. 조목조목 인물 탐험

1 ② 2 ④ 3 ②

II. '나'와 윈스턴 처칠

[STEP 1] 몰입 이해하기

- 춤을 잘 못 추었는데, 동작이 틀려도 창피해하지 않고 틈날 때마다 거울을 보면서 열심히 연습하고 노력했어. 연습이 끝나고 보면 두 시간이 금방 지나가 있었어.
- 머리가 아팠는데 집중해서 책을 읽다 보니 아픈 것도 잊어버리고 책 한 권을 처음부터 끝까지 단숨에 읽어 버렸어.
- 클레이로 인형을 만들고 있었는데, 엄마가 나를 일곱 번이나 부르셨는데도 몰랐어. 인형을 다 만들고 났더니 한 시간이나 지나 있었어.

[STEP 2] 몰입 연습하기

다른 사람 앞에서 당당하게 발표하기, 웹툰 그리기, 클레이 만들기, 바둑 연습, 댄스 연습 등

[STEP 3] 좋은 몰입과 나쁜 몰입

나쁜 몰입 / 좋은 몰입

13강 몰입 ③ 빈센트 반 고흐

I. 조목조목 인물 탐험

1 ② 2 ① 3 ②

II. '나'와 빈센트 반 고흐

[STEP 1] 몰입 이해하기

시험을 앞두고 있었어. 그런데 몸이 아파서 제대로 공부를 못 했지 뭐야. 남은 시간은 하루밖에 없었어. 나는 마음을 가다듬고 정말 열심히 공부했지. 시간이 어떻게 지나갔는지도 모를 정도로 집중해서 책을 읽었더니, 그 많은 분량을 하루 만에 다 공부할 수 있었어. 그리고 좋은 결과를 얻었어.

[생각 쑥쑥]

대기만성(大器晩成): 크게 될 사람은 늦게 이루어진다는 뜻

〈참고〉

- 진퇴양난(進退兩難): 앞으로 나아가기도 어렵고 뒤로 물러서기도 어려운 처지를 가리키는 말
- 개과천선(改過遷善): 지나간 허물을 고치고 착하게 된다는 뜻
- 역지사지(易地思之): 처지를 바꾸어서 생각한다는 뜻
- 동문서답(東問西答): 묻는 말에 전혀 맞지 않는 엉뚱한 대답을 한다는 뜻

[STEP 2] 몰입에 도움이 되는 것

강아지/친구/엄마의 응원과 격려가 몰입하는 데 도움이 돼. 내가 어떤 일을 잘하지 못해도 항상 내 옆에 있어 주고, 결과가 좋지 않아도 항상 미소 짓고 응원해 주니까 좋아. 내게 무엇을 해 주지 않아도 생각만 해도 힘이 나고 든든해져.

14강 몰입 ④ 알프레드 노벨

I. 조목조목 인물 탐험

1 ④ 2 ④ 3 ②

II. '나'와 알프레드 노벨

[STEP 1] 몰입 유지하기

컴퓨터를 이용해서 수학 실력을 높이는 게임을 만들고 싶었어. 그런데 열심히 연구할 때마다 동생이 와서 말을 걸고, 같

이 놀자며 계속 방해했어. 화를 내 보기도 하고, 못 들은 척해 보기도 하고, 그러지 말아 달라고 부탁도 해봤지만, 소용이 없었어. 그래서 동생이 집에 없을 때나 잠을 잘 때 게임을 연구했고, 방학 때는 할머니 댁에 가서 게임을 만들었어.

[생각 쑥쑥]

7마리

[STEP 2] 몰입 경험 나누기

나는 돈을 열심히 모아야겠다고 생각했어. 그래서 은행에 예금하는 법과 금리 계산하는 법을 익힌 다음 용돈이 생기면 쓰지 않고 예금하려고 노력했어. 용돈 기입장도 작성하고 저축 일기도 썼지. 또 일상생활에서 낭비하지 않으려고 애썼어. 그 밖에도 경제관념을 길러 주는 책들도 꾸준히 읽었어.
그래서 지금은 저금하는 습관이 몸에 배었고, 내 또래 친구들보다 많은 돈을 모았어.

15강 몰입 ⑤ 마리 퀴리

I. 조목조목 인물 탐험

1 ② 2 ④ 3 ③

II. '나'와 마리 퀴리

[STEP 1] 몰입에서 즐거움 찾기

- 내가 싫어하는 과목 시간에는 시간이 너무 안 가서 자꾸 시계만 보게 되는데, 내가 좋아하는 과목 시간일 땐 시간이 왜 이렇게 빨리 가는지 모르겠어. 시계를 보면 벌써 끝날 시간이 다 되어 있더라고.
- 축구를 하다가 넘어졌는데 경기가 막상막하여서 경기에 더욱 집중하다 보니 다리가 아픈 줄도 몰랐어. 그런데 경기가 끝나고 보니까 다리가 엄청나게 부어 있었어.

[생각 쑥쑥]

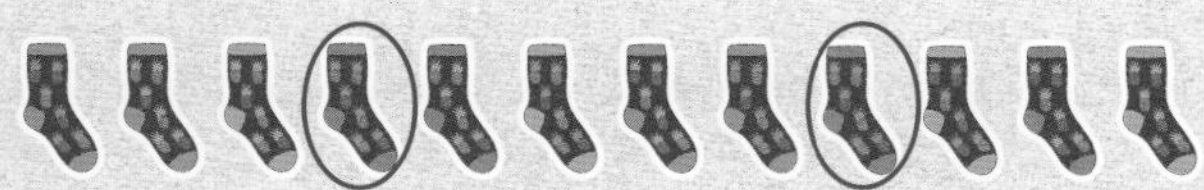

[STEP 2] 몰입하게 만드는 힘

부모님과 지리산에 오른 적이 있어. 처음에는 그저 유명한 산이니 호기심에 올라가야겠다고 생각했어. 그런데 실제로 가보니 왕복 10시간 코스였어. 하지만 이왕 마음을 먹었으니 꼭 정상까지 올라가 보고 싶었어. 2시간 정도 지나니 다리가 아파졌고, 4시간 정도 지나니까 물을 마시는 것도 귀찮아졌어. 대화도 점점 줄어들었고, 얼마나 더 가야 하는지만 생각하게 되고 너무 힘이 들더라고. 그런데 이상하게도 그 순간에는 다른 생각이 안 들었어. 땀이 비 오듯이 흐르고 다리가 후들거리는데도 정상까지 가야 한다는 생각뿐이었어. 마침내 정상에 올랐고 너무 기뻐서 사진도 찍었어. 하지만 지금 생각해 보면 다시는 못 할 것 같아.

16강 몰입 ⑥ 정약용

I. 조목조목 인물 탐험

1 ③ 2 ④ 3 ③

II. '나'와 정약용

[STEP 1] 몰입 이해하기

- 나는 책 읽는 것을 좋아해. 그중에서도 특히 역사 관련 소설을 좋아해. 그래서 역사책을 읽기 시작하면 금방 책 내용에 빠져들지. 한번은 한참 역사책을 읽다가 시계를 보니 2시간이 지나 버렸지 뭐야.
- 친구들과 술래잡기를 하면서 놀다 보니 너무 재미있어서 시간 가는 줄 몰랐어. 술래잡기에 참여하는 친구들이 하나둘씩 늘어날 때마다 더 재미있어지더라고. 그러다 갑자기 생각나서 시계를 보니 2시간이 훌쩍 지나 있더라고.

[생각 쑥쑥]

S S S S S S S S S S S S S S S S S S S S S S S S S S S S S S
S S S S S S S S S S S S S S S S S S S S S S S S S S S S S S
S S S S S S S S S S S S S S S S S S S S S S S S S S S S S S
S S S S S S S S S S S S S S S S S S S S S S S S S S S S S S
S S S S S S S S S S S S S S S S S S S S ⑤ S S S S S S S S S
S S S S S S S S S S S S S S S S S S S S S S S S S S S S S S
S S S S S S S S S S S S S S S S S S S S S S S S S S S S S S

[STEP 2] 몰입을 높이기 위해 노력하기

나는 역사에 관심이 많아서 한국사 자격시험을 보려고 해. 조금은 어렵겠지만 3급 자격시험에 도전할 거야. 그래서 시간이 날 때마다 교재로 공부하고, 이해가 되지 않을 때는 부모님께 여쭤보거나 인터넷을 찾아보고 있어. 나는 한국사 자격증을 꼭 따고 싶어.

17강 자아존중감 ① 프리드리히 니체

I. 조목조목 인물 탐험

1 ② 2 ③ 3 ⑤

II. '나'와 프리드리히 니체

[STEP 1] 자아존중감 이해하기

마트에서 사 온 간편식을 형과 함께 먹으려고 조리법을 확인했는데, 끓는 물에 봉지째 넣어서 데우라고 쓰여 있는 거야. 그런데 책에서 환경 호르몬이 몸에 무척 나쁘다는 내용을 읽은 게 기억나더라고. 그래서 형에게 봉지 안의 음식을 냄비에 넣어 데워 먹는 것이 좋겠다고 말했지. 그런데 형은 물론 엄마도 그렇게 하면 안 된다고 말리는 거야. 하지만 난 내 생각을 굽히지 않았어. 결국, 내 의견대로 했는데 생각보다 훨씬 더 맛있었어.

[생각 쑥쑥]

키가 크다, 운동을 잘한다, 재치가 있다, 줄넘기를 잘한다 등

[STEP 2] 자아존중감 높이기

과학 자유 탐구 과제가 있었는데, 뭘 어떻게 해야 할지 막막했어. 그래서 다른 사람의 도움을 받을까, 아니면 인터넷에 있는 자료를 가져다 쓸까 고민했지. 그런데 다른 친구들을 보니 다들 스스로 해결하는 것 같았어. 그 모습을 보니까 내가 어릴 때 과학을 좋아했던 게 기억났어. 그렇다면 나도 내 힘으로 해결할 수 있겠다는 생각이 들었지. 그래서 자신감을 가지고 내가 무엇에 관심이 있는지 고민한 다음, 주제를 결정하고 관련 자료를 찾아 탐구 과제를 완성했어. 선생님께 칭찬을 받은 것도 좋았지만 무엇보다 나 스스로 혼자 해냈다는 것에 나 자신이 자랑스러웠어.

18강 자아존중감 ② 넬슨 만델라

I. 조목조목 인물 탐험

1 ③ 2 ④ 3 ⑤

II. '나'와 넬슨 만델라

[STEP 1] 자아존중감 이해하기

- 나는 내 외모가 남들보다 못하다고 생각했기 때문에 종종 위축될 때가 있었어. 그런데 문득 내가 다른 사람들보다 뭐가 부족해서 그런 생각을 했을까 싶더라고. 그래서 웃으면서 자신 있게 친구들에게 다가가니 그 후로는 학교생활이 훨씬 더 재미있고 일상에서 느끼는 행복감도 커졌어.
- 나는 늘 내가 특별히 잘하는 것도 없고 다른 친구들과 비교해 뒤처진다고 생각했어. 그런데 주변을 둘러보니 그런 것에 신경 쓰지 않고 항상 밝고 활기차게 모두와 잘 지내는 친구들도 많더라고. 괜히 나 스스로 내 외모나 능력을 깎아내리고 있던 것 같아서 창피하고 후회스러웠던 기억이 있어.

[생각 쑥쑥]

1. 달리기, 게임, 여행, 독서, 우리 가족 등
2. 일찍 일어나기, 거짓말하기, 시험 보기 등
3. 친구와 마음껏 놀기, 칭찬받기, 매일 생일처럼 보내기 등
4. 바둑, 태권도, 영어, 위로하기, 줄넘기, 심부름 등

[STEP 2] 자아존중감 높이기

운동회 때 이어달리기 대표로 달리게 되었어. 평소에는 달리기에 자신이 있었지만, 다른 팀에 나보다 훨씬 빠른 아이들이 꽤 있는 걸 알고 나니 갑자기 자신이 없어지고 너무 긴장됐어. 내 차례가 다가오는데 모든 팀의 실력이 막상막하여서 승부를 예측할 수 없었어. 나는 마음속으로 '할 수 있다'를 수없이 외치면서 기다렸고, 드디어 내 차례가 되었을 때 나를 믿고 최선을 다해서 달렸어. 그 결과 내가 선두로 치고 나갔고 마침내 우리 팀이 우승했어.

19강 자아존중감 ③ 아멜리아 에어하트

I. 조목조목 인물 탐험

1 ③ 2 ③ 3 ④

II. '나'와 아멜리아 에어하트

[STEP 1] 자아존중감과 성격

나는 다른 사람보다 성격이 좀 온순하고 관대한 것 같아. 좀처럼 화를 내거나 불만을 표현하는 일이 없어. 이를테면 음식점에서 물이나 반찬을 더 달라고 종업원을 불렀을 때 다른 손님에게 먼저 가거나 반응이 없으면 조금 답답하거나 화가 날 수도 있는데, 나는 그냥 '무슨 바쁜 일이 있나 보다' 생각해. 그리고 몇 번 불러도 안 오면 내가 직접 해결하거나 그냥 넘어가기도 해. 너그럽다면 너그러운 성격일 수도 있고, 답답하다면 답답한 성격인 것도 같아.

[생각 쑥쑥]

하늘은 스스로 돕는 자를 돕는다.

[STEP 2] 나의 장점과 단점 알아보기

- **고치고 싶은 나의 단점:** 시간 약속을 잘 지키지 못한다.
- **고치고 싶은 이유:** 약속 시간에 자주 늦어 친구와 사이가 안 좋아질 때가 많다.
- **습관을 바꾸는 방법:** 달력에 약속 시간을 꼼꼼히 적어 두거나 스마트폰에 알림 설정을 해 놓는다.
- **나의 장점:** 칭찬을 잘한다.
- **장점이라고 생각하는 이유:** 칭찬을 하면 상대방은 물론 내 기분까지 좋아지고, 칭찬할수록 상대방의 장점이 더 많이 보인다.

20강 자아존중감 ④ 한스 크리스티안 안데르센

I. 조목조목 인물 탐험

1 ③ 2 ② 3 ①

II. '나'와 한스 크리스티안 안데르센

[STEP 1] **자기 확신 갖기**

나의 자기 확신 정도는 보통인 것 같아. 예전에는 나 스스로 자기 확신이 강하다고 생각했는데, 시간이 가면 갈수록 다른 사람들의 말에 민감해지는 것 같아. 내가 좋아하는 옷을 입고, 내가 좋아하는 음악을 듣고, 무언가 나만의 것을 해도 문제 될 것이 없다고 생각했는데, 자꾸 다른 사람을 의식하게 되고, 다른 사람이 좋아하는 것을 좋아하려고 노력해. 아마도 내가 맞다고 생각하고 내가 좋아하는 것을 다른 사람이 싫어하면 어쩌나 하는 생각을 하는 것 같아.

[생각 쑥쑥]

뜻이 있는 곳에 길이 있다.

[STEP 2] **'나 전달법'으로 말하기**

1. 너는 나를 내가 싫어하는 별명으로 부르며 놀렸어.
2. 네가 내 별명을 부르고 놀렸을 때 나는 무척 창피하고 속이 상했어.
3. 앞으로는 내 별명 대신 내 이름을 불러 주었으면 좋겠어.

21강 자아존중감 ⑤ 이사도라 덩컨

I. 조목조목 인물 탐험

1 ② 2 ③ 3 ⑤

II. '나'와 이사도라 덩컨

[STEP 1] **자아존중감 이해하기**

나는 최근에 장래 희망에 대해서 고민이 많아. 어렸을 때부터 요리하는 것을 좋아했고 요리가 내 적성에도 맞는 것 같아. 그런데 지금부터 요리사가 될 준비를 하는 건 쉽지 않을 거라는 얘기를 주변에서 많이 들어. 지금은 일단 학교 공부에 충실하고, 요리는 취미로 하라는 말이지. 하지만 나는 그렇게 하면 나중에 훌륭한 요리사가 될 수 없을 것 같아. 내 생각엔 지금부터 요리학원에 다니거나 요리사 자격증 시험을 준비하는 게 맞는 것 같아. 나는 평생 요리하는 일을 하면서 살 거라는 확신이 있거든. 남들이 보기에는 아직 먼 이야기 같지만, 내 인생 계획에 따르면 그리 먼 이야기가 아니야. 나는 나를 믿고 차근차근 준비하려고 해.

[생각 쑥쑥]

천 리 길도 한 걸음부터

MEMO

MEMO